Carlos Spoerhase
Kurzfassungen

AF238623

Kleine Schriften zur literarischen
Ästhetik und Hermeneutik
Bd. 15

Herausgegeben von
Wolfgang Braungart | Joachim Jacob

Carlos Spoerhase

Kurzfassungen

Über das Komprimieren von Literatur

Wallstein Verlag

Bibliografische Information der Deutschen Nationalbibliothek
Die Deutsche Nationalbibliothek verzeichnet diese Publikation
in der Deutschen Nationalbibliografie;
detaillierte bibliografische Daten sind im Internet über
http://dnb.d-nb.de abrufbar.

© Wallstein Verlag, Göttingen 2024
www.wallstein-verlag.de
Vom Verlag gesetzt aus der Aldus
Umschlaggestaltung: Susanne Gerhards, Düsseldorf
Druck und Verarbeitung: bookSolutions Vertriebs GmbH, Göttingen

ISBN 978-3-8353-5525-5

Inhalt

None ever wished it longer than it is.
Samuel Johnson über *Paradise Lost*

Literatur superkurz

Wir leben in einer Epoche der Kurzfassungen: der Synopsen, Abstracts, Executive Briefs, Elevator Pitches, Movie Recaps, Reclam-Inhaltsangaben und Speed-Reading-Apps. Neue KI-Apps bieten an, die gesamte Presseberichterstattung über ein aktuelles Ereignis zu resümieren, alle Wikipedia-Einträge zu einem Thema knapp zusammenzufassen oder ganze Bücher in einen einzigen Satz zu komprimieren. Auf YouTube läuft der Clip »Der Zauberberg superkurz«, der den 900-Seiten-Roman in weniger als zwei Minuten nacherzählt. Das Motto unserer auf Komprimierungserfolge zielenden Gegenwart scheint mit Blick auf längere Werke zu sein: tl;dr: too long; didn't read. Viele greifen heute zu kondensierten Fassungen umfangreicher Werke, um sich gegen die Überforderung durch das überbordende digitale Kulturangebot zu behaupten.[1]

Das ist nicht neu. Bereits in der Antike wurden Kurzfassungen erstellt und erfreuten sich oft großer Beliebtheit, nicht zuletzt in Bildungsinstitutionen. Blickt man etwa auf die antike Gattung der Epitome (ἐπιτομή), so wird deutlich, dass schon lange Gattungen zur Verfügung stehen, denen zugetraut wird, größere Textmengen auf die eine oder andere Weise zu verdichten. In jüngster Zeit hat sich aber etwas geändert. Wenn uns ein literarisches Werk oder ein philosophischer Text zu lang zu sein scheint, müssen wir nicht erst darauf warten, dass ein kluger Redaktor mühevoll eine Kurzfassung erstellt: Heute können wir uns mithilfe künstlicher Intelligenz automatisch eine auf unsere Bedürfnisse abgestimmte gekürzte Fassung erstellen lassen. Wir delegieren die Arbeit des Zusammenfassens immer häufiger an Chatbots, die uns in Sekundenschnelle verknappende Paraphrasen liefern.

---

1 Vgl. Anthony Lane: Abridged too far. The world according to Blinkist. In: The New Yorker, 27.5.2024, S. 14-19; Jeffrey M. Perkel/Richard Van Noorden: tl;dr: this AI sums up research papers in a sentence. In: Nature, 23.11.2020.

Die Methoden zur Erstellung von Kurzfassungen weisen eine gewisse Kontinuität auf: Textkondensierungen wurden und werden entweder durch kürzende (extraktive) oder komprimierende (abstraktive) Verkleinerungsverfahren erstellt – oder durch eine Kombination beider Verfahren. Auch die Einwände, die gegen diese lang erprobten Verfahren vorgebracht werden, sind seit der Antike bemerkenswert stabil: Sie würden die zusammengefassten Werke in unzulässiger Weise vereinfachen, sie ihrer wesentlichen Qualitäten berauben, ihre Formeigenschaften ernsthaft beschädigen oder ihren Inhalt grundlegend verfälschen. Und die Rezeption dieser Kurzfassungen führte bestenfalls zu bemitleidenswerten Halbgebildeten, denen die entscheidenden Pointen der kulturellen Überlieferung unweigerlich entgehen.

Die alten Vorbehalte werden heute auch in Bezug auf die von generativer künstlicher Intelligenz produzierten automatisierten Textzusammenfassungen erhoben: Dürfen wir tolerieren, dass Schüler und Studentinnen ChatGPT verwenden, um sich bei der Erfüllung des obligatorischen Lesepensums unterstützen zu lassen? Wie stellen wir uns unter digitalen Bedingungen die ›gelungene‹ Erstellung von Kurzzusammenfassungen vor? Ist es nun endlich möglich, verlustfreie Komprimierungen zu erstellen, bei denen alle zentralen Qualitäten des Ausgangswerks erhalten bleiben? Oder sind alle Komprimierungen verlustbehaftet in dem Sinne, dass sie unweigerlich wesentliche Elemente des reduzierten Werks preisgeben? Um diese und andere drängende Fragen besser beantworten zu können, lohnt sich ein Blick in die lange Geschichte der literarischen Kurzfassungen.

Oder um es in einem Satz zu sagen: Dieses Buch versucht ausgehend von einer systematischen Skizze des Genres der Kurzfassung und einer historischen Fallstudie zu literarischen Kurzfassungen um 1800 zu klären, was es kulturell mit den textuellen Komprimierungsverfahren auf sich hat, die uns heute umtreiben. Der daran anknüpfende Abschnitt über Kulturen der Kompression weitet die Perspektive abschließend wieder auf das 20. Jahrhundert und die Gegenwart.

Komprimierte Literatur

1. Kleine Messiaden

In aktuellen Debatten über die schulische Lektüre stoßen wir immer wieder auf die Rede von der »Ganzschrift«: Ganzschriften sind, wie die *Frankfurter Allgemeine Zeitung* das »seltsame Wort« erklärt, »längere Werke, die im Unterricht von Anfang bis Ende gelesen werden«.[2] Was aber wäre in der Unterrichtspraxis keine Ganzschrift? Wohl eine Lektüre, die sich nicht dem ganzen Werk widmet, also nicht alles aufmerksam von der ersten Seite bis zur letzten Seite zur Kenntnis nimmt. Oder eine weniger konzentrierte Lektüre, die gar nicht dem ganzen Werk gilt, sondern einer gekürzten oder komprimierten Version. Der Gebrauch einer Kurzfassung also. Bei der hier folgenden Untersuchung wird es allerdings nicht darum gehen, diese Gattung zu bewerten: Weder sollen also die gängigen Alternativen zur Ganzschrift als bedauernswerte »Goethedämmerung[en]« beklagt[3] noch You-Tube-Versionen von klassischen Dramen »in neun Minuten mit Playmobilfiguren« als zukunftsweisende Vermittlungsformen von Literatur begrüßt werden.[4] Vielmehr möchte ich verstehen, warum die Miniaturen großer literarischer Werke, die immer wieder als mindere, gewissermaßen subalterne textuelle Formate abgekanzelt werden, sich in der Gebrauchsgeschichte der Literatur stets großer Resonanz erfreut haben – gerade auch in didaktischen Zusammenhängen. Was ist die kulturelle Leistung derartiger

2 Jürgen Kaube: Faustfrei. In: Frankfurter Allgemeine Zeitung, 6.8.2022, S. 9.
3 Paul Munzinger: Goethedämmerung. »Faust« ist Pflicht an Bayerns Gymnasien – aber nicht mehr lange. In: Süddeutsche Zeitung, 5.8.2022, S. 1.
4 Anna Günther: Faust in der Tasche. In: Süddeutsche Zeitung, 10.8.2022, S. 26.

Abb. 1   Links die vierbändige Quartausgabe des *Messias*; daneben unterschiedliche Kürzungen.

Formate? Einen ersten Antwortversuch auf diese Frage möchte ich am Beispiel einiger Kurzfassungen des wichtigsten deutschen Epos des 18. Jahrhunderts geben: an frühen Miniaturisierungen von Klopstocks *Messias* (Abb. 1).

Friedrich Gottlieb Klopstocks *Messias*, der in seiner ersten (vollständigen) Fassung von 1749 bis 1773 erschien, sollte als *das* große deutsche Versepos des 18. Jahrhunderts Epoche machen. Das Werk ist in 20 Gesänge gegliedert und beläuft sich auf knapp 20.000 Verse. In der Erstausgabe umfasste es etwa 800 Seiten, verteilt auf vier Bände. Der schiere Umfang des *Messias* führte dazu, dass bald Kurzfassungen des hochgeschätzten Epos hergestellt wurden. Eine davon ist die 1795 anonym publizierte Schrift *Die kleine Messiade. Eine heroische Chrestomathie aus Klopstocks Messias gezogen* (Abb. 2).[5]

5 [Friedrich Gottlieb Klopstock]: Die kleine Messiade. Eine heroische Chrestomathie aus Klopstocks Messias gezogen und mit den nöthigsten Anmerkungen, zum Gebrauch in Schulen, versehen. Zur Allgemeinen Schul=encyclopädie gehörig [vermutlich bearbeitet von Benjamin Weiske]. Encyklopädie der deutschen Musterschriften zum Gebrauch in Schulen. Erster Theil. Braunschweig 1795 in der Schul=buchhandlung.

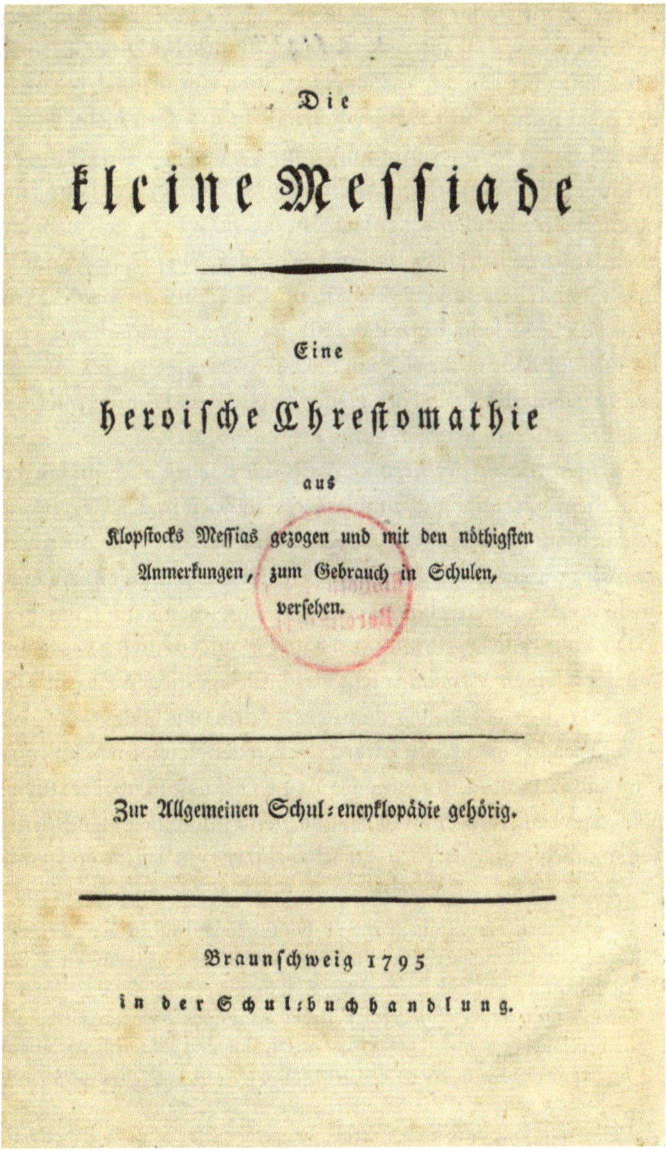

Die

kleine Messiade

Eine

heroische Chrestomathie

aus

Klopstocks Messias gezogen und mit den nöthigsten
Anmerkungen, zum Gebrauch in Schulen,
versehen.

Zur Allgemeinen Schul=encyklopädie gehörig.

Braunschweig 1795
in der Schul=buchhandlung.

Abb. 2   [Klopstock]: Die kleine Messiade [vermutl. bearb. v. Weiske] (Anm. 5),
Titelseite.

Der Schriftsteller und Theologe Johann Otto Thieß mokierte sich noch eine Dekade nach der Veröffentlichung der *Kleinen Messiade* über den unglücklich gewählten Untertitel der Schrift, der eben nicht Klopstocks Heldengedicht, sondern vielmehr die Anfertigung einer Sammlung von Textauszügen (»Chrestomathie«) als »heroisch« charakterisiere: Hier sei wohl ein ganz eigener »buchhändlerischer Heroismus« notwendig gewesen, um eine derartige Kurzfassung »mit oder ohne *Klopstock's* Erlaubnis« zu erstellen und zu verbreiten.[6] Die spöttische Bemerkung von Thieß ist kein Einzelfall: Sie ist symptomatisch für eine literarische Kultur, die sich auf die Lektüre von ›Ganztexten‹ viel zugutehält und deshalb Formen der Kürzung und Komprimierung von literarischen Werken gerne disqualifiziert.

Formen wie die der *Kleinen Messiade* blieben auch im langen 19. Jahrhundert gängig. Und lassen sich noch in der Gegenwart beobachten: So bietet aktuell etwa das beliebte »getAbstract« eine Kurzfassung von Klopstocks christlichem Epos an, die man auch auf dem Smartphone kostenpflichtig lesen kann (Abb. 3).[7]

Die kulturelle Legitimität von Kurzfassungen hingegen scheint seit der *Kleinen Messiade* nicht wesentlich gestiegen zu sein. Die Reserviertheit gegenüber derartigen Formaten bildet wohl den wesentlichen Grund dafür, warum sie in der Neugermanistik bislang kaum untersucht wurden. Um die Diskussion über textuelle Verknappungsformen in der modernen Philologie einen Schritt voranzubringen, werde ich zunächst skizzieren, welche epistemi-

Zum historischen Kontext dieser Bemühungen vgl. Klaus Weimar: Geschichte der deutschen Literaturwissenschaft bis zum Ende des 19. Jahrhunderts, Paderborn 2003, S. 349-355.

6 Johann Otto Thieß: Friedrich Gottlieb Klopstock. Wie Er seit einem halben Jahrhundert als Dichter auf die Nazion und als Schriftsteller auf die Literatur gewirkt hat, Altona 1805, S. 63, Anm. 110 [kursivierter Teil gesperrt, C. S.].

7 Vgl. [Anonym]: Friedrich Gottlieb Klopstock: Der Messias [Abstract]. In: getAbstract, online abrufbar unter: https://www.getabstract.com/de/zusammenfassung/der-messias/7809 [3. 2. 2024]. Vgl. zum gegenwärtigen Gebrauch von digitalen Zusammenfassungsdiensten Julika Griem: Szenen des Lesens. Schauplätze einer gesellschaftlichen Selbstverständigung, Bielefeld 2021, S. 59-78.

Abb. 3 [Anonym]: Friedrich Gottlieb Klopstock: Der Messias, Zusammenfassung auf »getAbstract«; abgebildet auf einem iPhone.

schen Hindernisse einem derartigen literaturwissenschaftlichen Vorhaben bisher im Weg standen. Dann werde ich das Phänomen begrifflich umkreisen und einige damit verknüpfte historische Problemstellungen herausarbeiten. Daran anschließend werde ich anhand der textuellen Verkleinerungsformen im Umfeld des Klopstock'schen *Messias* erkunden, welche Implikationen diese Überlegungen für die historische Untersuchung von literarischen Kürzungen und Komprimierungen aufweisen: Was genau leisten »kleine Messiaden« und andere Formen der textuellen Miniaturisierung?

2. Epistemische Hindernisse

Eine systematische Beschäftigung mit der Frage der Kürzung und Komprimierung von literarischen Werken hat im Bereich der Literaturgeschichte der Neuzeit, worunter ich den Zeitraum vom frühen 18. Jahrhundert bis zur Gegenwart fasse, bislang nicht stattgefunden.[8] Dies mag damit zusammenhängen, dass die Kürzung und Komprimierung von Literatur seltener als spannendes literaturtheoretisches Phänomen untersucht, als vielmehr mit einer normativen Geste als kulturelles Ärgernis abgetan wurde. Ich möchte nicht die lange Geschichte der Anstößigkeit des Kürzens und Komprimierens rekapitulieren, aber sehr wohl auf einige der einschlägigen pädagogischen und poetologischen Diskurse aufmerksam machen und verstehen, warum gerade das literaturwissenschaftliche Interesse an Kürzungen und Komprimierungen immer wieder gehemmt wurde.

Die Disqualifizierung von Kürzungen und Komprimierungen findet sich bis in die Gegenwart gerade in pädagogischen Debatten. Vor allem das Arbeiten mit Textauszügen wird kritisch beäugt. So wird etwa in den bildungspolitischen Debatten, die gerne in den Kulturteilen der überregionalen Presse geführt werden, immer wieder die Sorge geäußert, dass an Schule und Hochschule heute überwiegend ›Häppchentexte‹ und ›Texthäppchen‹ gelesen werden.[9] Man beklagt »die Ausbreitung der so genannten Schnipseldidaktik«, also einer Didaktik, »die die Behandlung diverser Textauszüge der Lektüre einer Ganzschrift vorzieht«.[10] Deutschlehrerinnen und Deutschlehrer seien gehalten, nurmehr

---

8 Eine bemerkenswerte Ausnahme ist Wolfgang Raible: Arten des Kommentierens – Arten der Sinnbildung – Arten des Verstehens. Spielarten der generischen Intertextualität. In: Jan Assmann/Burkhard Gladigow (Hg.): Text und Kommentar. Archäologie der literarischen Kommunikation, Bd. IV, München 1995, S. 51-73.

9 Zu den angloamerikanischen Debatten vgl. zuletzt Jonathan Rose: Readers' Liberation, Oxford 2018, S. 183-206.

10 Wieland Freund: Goethe »… einfach klassisch«. Der Schulbuchverlag Cornelsen hat literarische Texte für den Unterricht vereinfacht – und entstellt. In: Die Welt, 19. 2. 2004, S. 27.

»mit Texthäppchen statt mit Ganzschriften zu arbeiten«.[11] Die profunde »Geistfeindlichkeit« drücke sich dadurch aus, dass das Buch in seiner Eigenschaft als »›Ganzschrift‹« diffamiert werde.[12] Der Rückgang der Lektüre von »›Ganztexte[n]‹« stelle die Sinnhaftigkeit des Schulfachs Deutsch insgesamt infrage:

> Wenn [...] es in der Praxis notfalls reicht, eine einzige Szene aus Schillers »Wilhelm Tell« szenisch interpretieren zu lassen, ohne dass irgendeiner [...] das gesamte Schauspiel gelesen hätte, dann wäre es konsequent, irgendwann den alten Bildungszopf des Literaturunterrichts ganz abzuschneiden.[13]

An der Hochschule herrschten die gleichen Probleme: »Warum ganze Bücher lesen, wenn es doch Abstracts von ihnen gibt und sich ihre Highlights auch in einem Reader zusammenfassen lassen?«[14] Das gesamte Bachelorsegment an den deutschsprachigen Universitäten sei letztlich darauf ausgerichtet, den Studierenden eine Auseinandersetzung mit »Ganztexte[n]« zu verleiden.[15]

Das in diesen Debattenbeiträgen formulierte Argument, es könne an Schulen und Hochschulen keine satisfaktionsfähige

11 Josef Kraus: Mehr Deutsch für Schüler. In: Handelsblatt, 16.3.2009, S.19.

12 Konrad Paul Liessmann: Analphabetismus als geheimes Bildungsziel. Wenn etwas schwerfällt, bieten die Didaktiker Erleichterungen an. Doch wo alle Schwierigkeiten umgangen werden, dort herrscht die Praxis der Unbildung. In: Frankfurter Allgemeine Zeitung, 24.9.2014, S. N4.

13 Kai Kauffmann: Reden wir über die Deutschlehrer. Wie retten wir die deutsche Sprache für die Schule? Die jüngst beschworene Krise der Germanistik ist eine der Lehrerbildung. In: Frankfurter Allgemeine Zeitung, 20.6.2017, S. 9.

14 Christoph Türcke: Wie das Lernen sein Gewicht verliert. Bildung ist nicht nur etwas anderes als Kompetenz, sondern deren Gegenteil. Denn wer gebildet ist, der kann etwas, wer aber Kompetenzen zu besitzen behauptet, der verfügt nur über leere Hüllen. In: Süddeutsche Zeitung, 1.8.2012, S. 12.

15 Dieter Thomä: Zwist am Abgrund. Vor achtzig Jahren führten wichtige Intellektuelle in der »Frankfurter Zeitung« eine Debatte über die Frage »Gibt es noch eine Universität?«. Nicht nur die Frage ist heute so aktuell wie damals. Die Antworten sind es auch. In: Frankfurter Allgemeine Zeitung, 8.10.2012, S. 7.

Form von nicht-ganzheitlicher Textualität geben, hat selbst eine längere Geschichte. Wie Hermann Helmers ausführt, gebrauchte bereits die Kunsterziehungsbewegung den Begriff »Ganzschrift«. Sie richtete ihn in erster Linie gegen das Lesebuch als Form der literarischen Wissensvermittlung:

> Die Kunsterziehungsbewegung ging so weit, dem […] Lesebuch die didaktische Eignung ganz abzusprechen. […] Das Lesebuch, so argumentierte man, enthalte »Häppchenliteratur«. Besser sei für den Unterricht eine lose Zusammenstellung von »Ganzschriften« geeignet […].[16]

Dass die Forderung nach der ›Ganzschrift‹ nicht selten an der vielgestaltigen Unterrichtswirklichkeit an Schulen vorbeigeht, die sowohl mit Lesebüchern als auch mit literarischen Einzelwerken arbeiten,[17] hat der Verwendung dieses Begriffs bis in die Gegenwart offenbar keinen Abbruch getan. Die Verteidiger der ›Ganzschrift‹ bringen den Begriff immer noch gegen die vermeintlich aller ›Geistigkeit‹ entfremdeten Gegner integraler Buchlektüren in Stellung. Interessanterweise wird in diesen Debatten meist nicht sichtbar, dass die darin verhandelten pädagogischen Problemstellungen eine lange Vorgeschichte besitzen, die weit hinter die deutsche Kunsterziehungsbewegung zurückreicht. Historisch lässt sich die gesamte Debatte nämlich in der *longue durée* einer seit der Spätantike mehr oder weniger intensiv geführten Diskussion über Kurzfassungen – über die Epitome und das Epitomisieren – einordnen.[18]

---

16 Hermann Helmers: Didaktik der deutschen Sprache. Einführung in die Theorie der muttersprachlichen und literarischen Bildung, Stuttgart 1966, S. 305.

17 Vgl. ebd.

18 Zur Epitome vgl. u. a. Isabelle Boehm/Daniel Vallat (Hg.): Epitome. Abréger les textes antiques, Lyon 2020; Stavroula Constantinou: Metaphrasis. Mapping Premodern Rewriting. In: Dies./Christian Høgel (Hg.): Metaphrasis. A Byzantine Concept of Rewriting and Its Hagiographical Products, unter der Mitarbeit von Andria Andreou, Leiden und Boston 2021, S. 3-60, hier S. 42-47; Marco Galdi: L'Epitome nella letteratura

Die bildungspolitischen Debatten über ›Texthäppchen‹ oder ›Häppchentexte‹ stellen allerdings wohl nicht das Haupthindernis für die angemessene Beschäftigung mit dem Kürzen und Komprimieren von Literatur dar. An die Seite der nachdrücklichen Kritik des Arbeitens mit (extraktiven) Textauszügen tritt nämlich eine nicht minder vehemente Kritik des Gebrauchs von (abstraktiven) Textzusammenfassungen. Mit Blick auf die Literaturgeschichte der Neuzeit steht die ›modernistische‹ Theorie der Literatur einer eingehenden Untersuchung von literarischen Verknappungsformen

latina, Neapel 1922; Marietta Horster/Christiane Reitz: Handbooks, Epitomes, and *Florilegia*. In: Scott McGill/Edward J. Watts (Hg.): A Companion to Late Antique Literature, New York 2018, S. 431-450; Sébastien Morlet (Hg.): Lire en extraits. Lecture et production des textes de l'Antiquité à la fin du Moyen Âge, Paris 2015; Markus Mülke: Der Autor und sein Text. Die Verfälschung des Originals im Urteil antiker Autoren, Berlin und New York 2008, S. 95-108; Markus Mülke: Die Epitome – das bessere Original? In: Marietta Horster/Christiane Reitz (Hg.): Condensing texts – condensed texts, Stuttgart 2010, S. 69-89; Ilona Opelt: Epitome. In: Reallexikon für Antike und Christentum 5, 1962, Sp. 944-973; Christiane Reitz: Verkürzen und Erweitern – Literarische Techniken für eilige Leser? Die »Ilias Latina« als poetische Epitome. In: Hermes: Zeitschrift für klassische Philologie 135, 2007, H. 3, S. 334-351; Franz Xaver Risch: Was tut ein Epitomator? Zur Methode des Epitomierens am Beispiel der pseudoclementinischen *epitome prior*. In: Das Altertum 48, 2003, S. 241-255. – Die hier einschlägige, vor allem in den klassischen Philologien betriebene Forschung über Epitomisierung berücksichtigt allerdings nicht die linguistische und literaturwissenschaftliche Diskussion zu textuellen Formen von Bearbeitung und Adaptation. In den klassischen Philologien bleibt deshalb das Verhältnis von Epitome und Bearbeitung bzw. Überarbeitung unklar: So wird dort etwa eine Unterscheidung von »systematische[n] Epitome[n]« und »freie[n] Überarbeitung[en]« diskutiert (Reitz: Verkürzen und Erweitern, S. 348), teilweise aber die Epitomisierung als eine spezifische Form der »Bearbeitung« charakterisiert (Mülke: Die Epitome, S. 78). Ginge man angesichts dieser Diskussionslage davon aus, dass die Epitomisierung eine Form der kürzenden oder komprimierenden Bearbeitung ist (im Gegensatz etwa zu amplifikatorischen Bearbeitungen, die Paraphrasen und Kommentare in die Vorlage einfügen), so wäre die Epitome eher eine Form der redaktionellen als der ›originellen‹ Bearbeitung sowie eher eine Form der methodischen als der ›freien‹ und ›kreativen‹ Bearbeitung.

entgegen. Aus der Perspektive der modernistischen Poetik können literarische Formen der Verknappung nicht umhin, das genuin Literarische grundsätzlich zu verfehlen. Wird doch dort, wo Literatur reduziert wird, der Bereich des genuin Literarischen verlassen. So hat etwa Paul Valéry mit definitorischem Nachdruck darauf bestanden, dass Poesie genau das sei, was sich nicht resümieren lasse:

> *Man kann ein Gedicht nicht resümieren, wie man ein –* »*Universum*« *resümiert.* Eine These resümieren heißt von ihr das Wesentliche zurückbehalten. Ein Kunstwerk resümieren (oder durch ein *Schema* ersetzen) heißt das Wesentliche an ihm verlorengehen lassen.[19]

Nur »pädagogische Barbaren« könnten das nicht verstehen.[20] Gerade die poetisch relevanten Eigenheiten eines literarischen Textes (häufig werden diese Eigenheiten mit einer »Melodie« analogisiert) würden durch das Zusammenfassen unvermeidlich verloren gehen. In der Übersetzung Peter Szondis lautet Valérys Diktum: »Gedicht aber ist, was nicht zusammengefasst werden

---

19 Paul Valéry: Leonardo und die Philosophen. Brief an Leo Ferrero. In: Ders.: Werke. Frankfurter Ausgabe. Hg. von Jürgen Schmidt-Radefeldt, Bd. 6, Frankfurt a. M. und Leipzig 1995, S. 102-142, hier S. 114. Vgl. Paul Valéry: Léonard et les philosophes. Lettre à Leo Ferrero. In: Ders.: Œuvres, I. Hg. von Jean Hytier, Paris 1957, S. 1234-1269, hier S. 1244: »*On ne peut pas résumer un poème comme on résume … un ›univers‹.* Résumer une thèse, c'est en retenir l'essentiel. Résumer (ou remplacer par un *schéma*) une œuvre d'art, c'est en perdre l'essentiel.«

20 Vgl. Paul Valéry: Tel Quel. In: Ders.: Œuvres, II. Hg. von Jean Hytier, Paris 1960, S. 469-781, hier S. 638, wo das Problem des Resümierens mit einer Problematisierung der Gattung des Versepos verknüpft wird: »*Poèmes épiques.* / Les grands poèmes épiques, quand ils sont beaux, sont beaux quoi qu'ils soient grands, et le sont par fragments. / Démonstration: Un poème de longue durée est un poème qui se peut *résumer.* Or est *poème* ce qui ne se peut résumer. On ne résume pas une mélodie. // Rien de beau ne se peut résumer. / Les barbares pédagogues résument et font résumer des œuvres dont l'absurdité de les résumer est l'essence même. Leurs squelettes de l'*Énéide* ou de l'*Odyssée* sont privés des mouvements et des forces et des grâces qui font tout le prix de ces ouvrages aux yeux des personnes positives.«

kann.«[21] In dieser Traditionslinie sekundiert André Malraux im Hinblick auf die Erzählprosa, das »Genie« einer Erzählung finde sich immer in den Teilen, die nicht resümierend nacherzählt werden könnten.[22]

Auch innerhalb der poetologischen Traditionsströmung des nordamerikanischen New Criticism wurde nachdrücklich darauf bestanden, dass sich das eminent Poetische eines literarischen Werks grundsätzlich nicht in komprimierten Paraphrasen einfangen lasse.[23] Bereits 1937 weist John Crowe Ransom in *Criticism, Inc.* – einem der maßgeblichen Gründungsdokumente des New Criticism – darauf hin, dass das Charakteristische der Poesie genau das sei, was sich nicht in Prosa zusammenfassen lasse.[24] Die textkulturell weit verbreitete Praxis des Resümierens dürfe laut Ransom bei der akademischen Beschäftigung mit Literatur deshalb keine relevante Rolle spielen.[25]

Eine ähnliche Position lässt sich bei Theodor W. Adorno ausmachen, der für die Philosophie in Anspruch nimmt, im eigentlichen Sinne nicht resümierbar zu sein:

21 Peter Szondi: Briefe. Hg. von Christoph König und Thomas Sparr, Frankfurt a. M. 1993, S. 69.

22 André Malraux: L'Homme précaire et la littérature, Paris 1977, S. 142: »Le génie du romancier est dans la part du roman qui ne peut être ramenée au récit.«

23 Vgl. Cleanth Brooks über die »Häresie der Paraphrase« in: The Well Wrought Urn. Studies in the Structure of Poetry, New York 1947, S. 176-196 und S. 217-218, hier z. B. S. 188. Diese Position gilt noch Niklas Luhmann als »lehrbuchreif«, etwa in: Die Kunst der Gesellschaft, Frankfurt a. M. 1997, S. 45-46, Anm. 49. Vgl. auch die Entgegensetzung von Struktur (als das, was sich paraphrasieren lässt) und Textur (als das, was sich nicht paraphrasieren lässt) bei Moritz Baßler: Die Entdeckung der Textur. Unverständlichkeit in der Kurzprosa der emphatischen Moderne 1910-1916, Tübingen 1994, S. 15-16.

24 Vgl. John Crowe Ransom: Criticism, Inc. In: The Virginia Quarterly Review 13, 1937, H. 4, S. 586-602, hier S. 602.

25 Das Resümieren sei, wie Ransom mit herablassender Geste vermerkt, allenfalls etwas für Schüler und Frauen: »The high school classes and the women's clubs delight in these procedures, which are easiest of all the systematic exercises possible in the discussion of literary objects.« (Ebd., S. 598).

Die Möglichkeit des Resümees verantwortlich formulierter Dinge bezweifle ich. Was ich schreibe, opponiert geradezu der Resümierbarkeit. Sie setzt eine Trennung von Form der Darstellung und Inhalt voraus, die ich ungebrochen nicht anerkennen kann. Ließe ein Text angemessen sich resümieren, so bedürfte es nicht des Textes, sondern das Resümee wäre die Sache selbst.[26]

Noch pointierter heißt es in der *Negativen Dialektik*: »Das Wesen wird durchs Résumé des Wesentlichen verfälscht.«[27] Interessanterweise wird dabei vorausgesetzt, dass eine Textzusammenfassung nur dann »angemessen« sei, wenn sie den Ausgangstext vollständig ersetzen könne – die gelingende Textzusammenfassung wird als vollständiges Substitut des umfangreicheren Ausgangstextes konzipiert. Offenbar will Adorno mit seinem Hinweis, Philosophie im eigentlichen Sinne sei nicht resümierbar, darauf hinaus, dass sich der intellektuelle Anspruch eines philosophischen Textes weder von der Darstellungsweise noch von der Entwicklungslogik des Textes ablösen lasse, die überhaupt erst erlauben würden, diesen Gehalt schrittweise zu vergegenwärtigen.[28]

---

26 Theodor W. Adorno: Einleitung zu einer Diskussion über die »Theorie der Halbbildung«. In: Ders.: Gesammelte Schriften in 20 Bänden. Hg. von Rolf Tiedemann unter Mitwirkung von Gretel Adorno, Susan Buck-Morss und Klaus Schultz, Bd. 8: Soziologische Schriften I, Frankfurt a. M. 2003, S. 574-577, hier S. 574.

27 Theodor W. Adorno: Negative Dialektik. In: Ders.: Gesammelte Schriften in 20 Bänden. Hg. von Rolf Tiedemann unter Mitwirkung von Gretel Adorno, Susan Buck-Morss und Klaus Schultz, Bd. 6: Negative Dialektik. Jargon der Eigentlichkeit, Frankfurt a. M. 1973, S. 7-412, hier S. 43.

28 So diskutiert ein Rezensent Adornos *Musikalische Schriften* dann auch wie folgt: »Sprachlicher Gestus und Argument sind so miteinander verschmolzen, daß das Abheben etwa von ›Aussagen‹ der ruinösen Praxis eines Readers [sic] Digest gleichkäme.« (Theodor Warner: Theodor W. Adorno: Quasi una fantasia [Rez.]. In: Neue Deutsche Hefte 100, Juli/August 1964, S. 160-163, hier S. 161.) Vgl. aber zur Notwendigkeit, auch die Werke Adornos zusammenzufassen, die Hinweise bei Martin Jay: Two Cheers for Paraphrase: The Confessions of a Synoptic Intel-

Warum sollte man aber das Resümee überhaupt als Substitut des Ausgangstextes ansehen? Sollte die Zusammenfassung nicht von dem Erfordernis, den Ausgangstext vollständig ersetzen zu können, dispensiert werden? Weshalb könnte das Resümee nicht darauf abzielen, nur bestimmte Aspekte eines Ausgangstextes »angemessen« wiederzugeben, um auf diese Weise den Zugang zum Ausgangstext zu erleichtern – ohne sich ganz an die Stelle des Ausgangstextes setzen zu wollen? Warum sollte der Gebrauch einer Kurzfassung nicht ein Moment in einem dialektischen Deutungsprozess sein, der die Darstellungsform des Ausgangstextes gerade nicht aus den Augen verliert?[29] Es entsteht der Eindruck, dass die Kritik der Resümierbarkeit für die Dignität eines ›primären‹ poetischen und philosophischen Diskurses einstehen soll, der sich in einem grundsätzlichen Sinne für nicht-resümierbar hält, d. h. letztlich die Möglichkeit seiner »angemessen[en]« Vermittlung durch ›sekundäre‹ Textformen abstreitet. Damit gewinnt die Nicht-Resümierbarkeit, wie sie von Valéry oder Adorno behauptet wird, einen normativen Sinn. Sie ist das sichere Kennzeichen eines irreduzibel Originären, an dem alle derivativen textuellen Bemühungen scheitern müssen. Derartige normativ eingefärbte Nicht-Resümierbarkeitsbehauptungen wurden später immer wieder formuliert, etwa von Friedrich Kittler, der darauf bestand, dass die »poststrukturalistischen Programme« nicht verfasst worden seien, »um referierbar zu werden«.[30] Und man begegnet ihnen auch in der Gegenwart: Wenn etwa eines der umfangreichen Werke von Hans Blumenberg für »quasi unresümierbar«[31] befunden wird, dann ist das nicht als schwerwiegender philosophischer Vorwurf gemeint, sondern als literaturwissenschaftliches

lectual Historian. In: Ders.: Fin-de-siècle socialism and other essays, New York und London 1988, S. 52-63 und S. 185-186, hier S. 60-63.

29 Vgl. Galvano Della Volpe: Critique of Taste, London und New York 1991, S. 122-148.

30 Friedrich A. Kittler: Einleitung. In: Ders. (Hg.): Austreibung des Geistes aus den Geisteswissenschaften. Programme des Poststrukturalismus, Paderborn u. a. 1980, S. 7-14, hier S. 12.

31 Robert Buch: Höhle. In: Ders./Daniel Weidner (Hg.): Blumenberg lesen. Ein Glossar, Berlin 2014, S. 115-130, hier S. 126.

Lob des sowohl vom Umfang her monumentalen als auch in der Darstellungsform ambitionierten Werks.[32]

Wenn im Bereich der schönen Literatur und einer ästhetisch ambitionierten Philosophie die Nicht-Resümierbarkeit kultiviert wird, verliert die Frage an Relevanz, wie es eigentlich um das Formenspektrum und das Leistungspotenzial von Kurzfassungen und inhaltlichen Zusammenfassungen bestellt ist. Steht die grundsätzliche Nicht-Resümierbarkeit der Exemplare einer bestimmten Textgattung einmal fest, kann man – so scheint es – für diesen Bereich auf einen näheren Blick auf textuelle Verknappungsformen ganz verzichten. Erst auf der Grundlage einer differenzierten Betrachtung lassen sich aber die abgewerteten Verknappungsformen überhaupt angemessen nachvollziehen und kritisieren.

32 Als Hans Blumenberg 1969 von Jacob Taubes gebeten wird, für eine Veranstaltung eine »Kurzfassung« des zweiten Teils der *Legitimität der Neuzeit* zu erstellen, und Taubes sogar anregt, dass »eine solch neue kürzere Fassung« bei Suhrkamp publiziert werden könnte, reagiert Blumenberg listig, indem er Adorno als Autorität für die Abweisung dieses Ansinnens zitiert. Taubes gibt sich angesichts dieser Begründung »geschlagen«, nicht aber ohne Blumenbergs Ablehnung mit dem rhetorischen Hieb zu parieren, dass nun eben ein anderer Veranstaltungsteilnehmer die Aufgabe übernehmen müsse, »Ihre ›Philosophie‹, die wesentlich referierbar mir scheint, auch darzustellen.« (Hans Blumenberg und Jacob Taubes. Briefwechsel 1961-1981 und weitere Materialien. Hg. von Herbert Koop-Oberstebrink und Martin Treml, Berlin 2013, S. 130, S. 135 und S. 140.)

3. Begriffliche Klärungen

Wer die grundlegende Nicht-Resümierbarkeit bestimmter diskursiver Bereiche behauptet, verfügt nicht unbedingt über einen präzisen Begriff des Resümees. Was ist also ein Resümee und wie lässt sich das inkriminierte Resümee von anderen Verknappungsformen abgrenzen? Tatsächlich ist diese Abgrenzung nicht trivial, schon terminologisch ist man mit einer großen Anzahl von historischen Ausdrücken konfrontiert, die das Phänomen mehr oder weniger berühren. Um nur einige aufzuzählen: Abriss, Abrégé, Abstract, Ad-usum-delphini-Ausgabe, Auszug, Argumentum, Bericht, Breviarium, Digest, Disposition, Ekloge, Enchiridion, Epitome, Extrakt, Exzerpt, Fragment, Grundriss, Hypothesis, Inbegriff, Inhaltsangabe, Katechismus, Konzentrat, Kurzfassung, Nukleus, Perioche, Quintessenz, Referat, Summarium, Synopse, Umriss, Zusammenfassung.[33] Sowohl auf der begrifflichen Ebene (von historischen Gattungsbezeichnungen) als auch auf der sachlichen Ebene (von historisch ausgeprägten Textsorten) lässt sich seit der Antike eine große Vielfalt an textuellen Verkleinerungsformen beobachten.

Es bedarf eines theoretischen Zugriffs, um dieses unübersichtliche Feld zu sortieren. Den Ausgangspunkt eines solchen Theoretisierungsversuchs bilden zwei weitgehend unstrittige Merkmale der textuellen Verknappung: erstens der markierte Bezug zu einem Ausgangstext und zweitens die ›reduktionistische‹ Transformation dieses Ausgangstextes. Es handelt sich bei der Verkleinerung, so könnte man etwas abstrakter formulieren, also erstens um eine (als solche markierte) relationale Textform und zweitens um eine kürzende oder komprimierende Textpraxis.[34]

33 Vgl. dazu auch Raible: Arten des Kommentierens (Anm. 8), S. 57-61.
34 Alle weiteren Merkmale, die in der bisherigen Forschung vorgeschlagen wurden, wie z. B. eine ausschließliche Ausrichtung auf Inhaltliches oder eine vollständige Beschränkung auf Prosa, scheinen mir dagegen strittig zu sein. Zu diskutieren wären die beiden zusätzlichen Kriterien von Ilona Opelt: die Vernachlässigung der Form der Vorlage und die Einschränkung der Epitome auf die Form erzählender Prosa (was listenförmige ›Zusammenfassungen‹ wie Inhaltsverzeichnisse oder Buchindices aus-

Dass die Verkleinerung sich auf einen Ausgangstext bezieht, scheint klar. Doch schon über die Frage, was das Objekt der Verkleinerung ist, lässt sich kein einfacher Konsens erzielen. Denkbar ist eine Orientierung an Texten, aber auch eine Orientierung an textuell vermittelten ›Gehalten‹ wie zum Beispiel abstrakten Wissensbeständen und Sachverhalten. Es ist also zunächst deutlich zwischen text- und sachorientierten Formen der Verkleinerung zu differenzieren: Während das Interesse der ersten Form auf den Wortlaut des Textes selbst und seine Vermittlungsverfahren zielt, richtet sich die zweite Form auf das textuell vermittelte *argumentum*, d. h. auf die ›Gehalte‹ (das Thema, die Aussage) oder die dargestellten Geschehnisse (die Fabel, die Historie). Ob und in welchem Umfang sich das Interesse für das textuell Vermittelte von der textuellen Vermittlung (und ihren Verfahren) abtrennen lässt, hängt davon ab, wie das Verhältnis dieser Instanzen historisch für bestimmte Gattungen und Diskurse konzeptualisiert wurde.

Die Frage, was verkleinert wird, muss deutlich von der Frage unterschieden werden, auf welche Art und Weise ›miniaturisiert‹ wird. Textuelle Verkleinerung erfolgt – grob gesagt – durch Kürzung oder Komprimierung.[35] Die Kürzung ist eine Bearbeitung, die den Umfang des Ausgangstextes reduziert, aber relevante Teile der Textmasse erhält. Die Kürzung kann Teile des Textbestandes des Originals tilgen, andere umstellen, muss aber grundsätzlich mit dem Textbestand des Ausgangstextes operieren. Die als textuelle Bearbeitung verstandene Kürzung hantiert also mit ›Ausschnitten‹ des Ausgangstextes. So stellt die Strichfassung eines Dramas aus dieser Perspektive eine Kürzung dar. Die Komprimierung muss dagegen nur die relevanten ›Gehalte‹ des Ausgangstextes erhalten, kann seinen konkreten

schließen würde). Opelt nennt die folgenden Kriterien: »die Kürze, die Ausrichtung auf Inhalt, nicht Form der Vorlage, die Beschränkung auf erzählende u. darlegende Prosa« (Opelt: Epitome [Anm. 18], Sp. 945).

35 Juan Luis Vives unterscheidet hier »summa« bzw. »contractio« von »amputatio« in: De ratione dicendi. Lateinisch/deutsch, übersetzt von Angelika Ott, mit einer Einleitung von Emilio Hidalgo-Serna, Marburg 1993, S. 229-230.

textuellen Bestand aber weitgehend vernachlässigen. Ein Beispiel für eine Komprimierung wäre die Paraphrase eines theoretischen Werks, die eine Zusammenfassung der Hauptaussagen des Ausgangswerks enthält, hinsichtlich des konkreten Textbestandes aber von dem Werk divergiert.

So eingängig die Unterscheidung zwischen der Kürzung und der Komprimierung eines vorliegenden Textes sein mag, so schwierig wird es, sobald man genauer zu bestimmen versucht, in welcher Gestalt der Ausgangstext vorliegt. Normalerweise wird ein umfangreicherer Ausgangstext vorliegen, der bereits fixiert, veröffentlicht und rezipiert wurde, bevor sich jemand daran macht, ihn zu kürzen oder die daran interessierenden ›Gehalte‹ zu komprimieren. In dieser Standardsituation besteht eine klare temporale Nachordnung von umfangreichem Ausgangstext und gekürztem oder komprimiertem Zieltext. Wie ist aber mit Abweichungen von dieser Standardsituation umzugehen, etwa wenn in der höfischen Erzähldichtung die gekürzten und komprimierten Fassungen zeitgleich mit den umfangreicheren Fassungen erscheinen und zirkulieren?[36] Oder wenn die gekürzten Fassungen sogar vor den umfangreicheren Fassungen veröffentlicht werden? Derartige Fälle deuten darauf hin, dass es sich bei der temporalen

---

36 Zur Frage der Parallelfassungen bzw. -versionen, d. h. der mehr oder weniger zeitgleichen Zirkulation von Lang- und Kurzfassungen in der höfischen Epik vgl. auch Nikolaus Henkel: Kurzfassungen höfischer Erzähltexte als editorische Herausforderung. In: editio 6, 1992, S. 1-11; Nikolaus Henkel: Kurzfassungen höfischer Erzähldichtung im 13./14. Jahrhundert. Überlegungen zum Verhältnis von Textgeschichte und literarischer Interessenbildung. In: Joachim Heinzle (Hg.): Literarische Interessenbildung im Mittelalter. DFG-Symposion 1991, Stuttgart und Weimar 1993, S. 39-59; Peter Strohschneider: Höfische Romane in Kurzfassungen: Stichworte zu einem unbeachteten Aufgabenfeld. In: Zeitschrift für deutsches Altertum und deutsche Literatur 120, 1991, H. 4, S. 419-439. Vgl. daran anknüpfend auch neue mediävistische Perspektiven bei Julia Frick: *abbreviatio*. Zur historischen Signifikanz von Kürzungsfunktionen in der mittelhochdeutschen höfischen Epik des 13. Jahrhunderts. Eine Projektskizze. In: Beiträge zur Geschichte der deutschen Sprache und Literatur 140, 2018, H. 1, S. 23-50; Julia Frick/Oliver Grütter (Hg.): abbreviatio. Historische Perspektiven auf ein rhetorisch-poetisches Prinzip, Basel 2021.

Nachordnung in erster Linie um eine genetische handelt – d. h.
dass die Nachordnung die Herstellungsabfolge der textuellen Artefakte, nicht aber die Abfolge der Veröffentlichung, Zirkulation
und Rezeption dieser Artefakte betrifft. Die Verkleinerung im
Sinne einer Kürzung oder Komprimierung ist dem umfassenderen
Bezugstext im Hinblick auf die Genese notwendigerweise ›nach-
gelagert‹, kann aber früher veröffentlicht oder rezipiert werden.[37]

Sowohl im Fall der kürzenden und in unterschiedlichem
Maße textkonservierenden Verkleinerung als auch im Fall der
komprimierenden, mehr oder weniger gehaltskondensierenden
Verkleinerung findet eine verknappende Transformation des
Ausgangstextes statt.[38] Das Kriterium der Verknappung scheint

---

[37] Für Überlegungen zu einer polyskalaren Poetik, in der Kurz- und
Langfassungen tendenziell nicht hierarchisiert werden, vgl. auch Carlos
Spoerhase: Das Format der Literatur. Praktiken materieller Textualität
zwischen 1740 und 1830, Göttingen 2018, S. 659-673.

[38] Hauptverfahren der Reduktion sind Selektion (d. h. Streichung bzw.
Auslassung) und Reorganisation (bzw. Rearrangement) von Textbe-
standteilen. Weitere Hinweise zu Formen des Eingriffs in den Ausgangstext, d. h. zu literarischen Verfahren der Raffung und Verkürzung,
sind zu finden bei Reitz: Verkürzen und Erweitern (Anm. 18). Vgl. auch
Marietta Horster / Christiane Reitz: ›Condensation‹ of literature and the
pragmatics of literary production. In: Dies. (Hg.): Condensing texts –
condensed texts, Stuttgart 2010, S. 3-14. Gérard Genette unterscheidet
drei Reduktionsverfahren: die Aussparung (»excision«) als eine kürzende
Arbeit am Text, die durch Streichungen eine neue Fassung des Ausgangstextes erstellt; die Verknappung (»concision«) als eine kürzende
Arbeit am Text, die durch Umarbeitungen eine neue Fassung des Ausgangstextes kreiert; und schließlich die Verdichtung (»condensation«)
als eine kondensierende Arbeit, die sich an der »Gesamtbedeutung« bzw.
»Gesamtbewegung« des Ausgangstextes orientiert und einen eigenstän-
digen und neuen metaliterarischen Text herstellt, der sich also ›extern‹
auf den Ausgangstext bezieht und demnach nicht als neue Fassung des
Ausgangstextes zu verstehen ist. Vgl. Gérard Genette: Palimpseste. Die
Literatur auf zweiter Stufe, Frankfurt a. M. 1993, S. 313-353 (vgl. auch
Gérard Genette: Palimpsestes. La littérature au second degré, Paris 1982,
S. 321-364). Den Unterscheidungsvorschlag von Genette greife ich nicht
auf, da er unterschiedliche Aspekte der Kürzung nicht nachdrücklich
genug differenziert: die Kürzungsverfahren (Streichung, Umarbeitung,
Neuformulierung), die Bezugsgröße der Kürzungen (Gesamttext versus

sich nur auf den ersten Blick von selbst zu verstehen: Bei genauerer Betrachtung stellt sich nämlich die Frage, ob Verknappung als quantitative oder qualitative Kategorie zu verstehen ist. Und wie ließe sich Verknappung messen: an der Anzahl der Buchstaben, der Wörter, der Absätze, der Kapitel, der Seiten, der Blätter, der Bände? Denkt man weiter darüber nach, dann ergibt sich, dass diese quantitative Dimension um eine qualitative ergänzt werden muss. Denn auch eine Übersetzung eines Textes von einer Sprache in eine andere geht zuweilen mit einer merklichen quantitativen Reduzierung des Zeichenbestandes (etwa der Wörteranzahl) einher, ohne dass wir diese Übersetzung direkt als einen Vorgang des Kürzens oder Komprimierens charakterisieren würden. Auch andere Beispiele lassen die Relevanz der qualitativen Komponente erkennen: Wenn etwa für die Bestimmung der Verkleinerungsform der antiken Epitome gefordert wird, »die Kürzung« dürfe nicht lediglich »Begleiterscheinung«, sondern müsse deren »primärer Zweck« sein, so wird die textuelle Verknappung nicht nur als eine rein quantitative Eigenschaft der Relation von zwei Texten verstanden (die Epitome ist kürzer als ihre Vorlage); das Verknappen wird vielmehr mit einer Zweckbestimmung verknüpft (das Epitomisieren zielt auf Reduktion).[39] Nur dort, wo die Verkleinerung eines Ausgangstextes in erster Linie darauf ausgerichtet ist, kürzer als die Vorlage zu sein, könne von einer Epitome die Rede sein. Es stellt sich dann allerdings die für alle Verkleinerungsformen relevante Anschlussfrage, für wen die Epitome diesen Zweck eigentlich erfüllt: für die Autorin des Ausgangstextes, für den Redaktor der Epitome, für das mit der Epitome adressierte historische Publikum oder gar für andere, den ursprünglichen historischen Beteiligten ganz unbekannte Publika?

Im Hinblick auf beide Typen der Verkleinerung kommt außerdem die Frage auf, wie sich das textuelle Ausgangsobjekt fassen

»Gesamtbedeutung«, »Gesamtbewegung«) und die Eigenständigkeit des Kürzungsergebnisses (uneigenständige Textfassung des Ausgangstextes versus eigenständiger neuer Metatext).

39 Opelt: Epitome (Anm. 18), Sp. 945.

und begrenzen lässt: Fallen Einzelwerke (im Sinne von Opus), Gesamtwerke (im Sinne von Œuvre), umfassende textuelle Überlieferungen (im Sinne eines Patrimoniums)[40] oder sogar abstrakte, eher inhaltlich bestimmte Bezugsfelder (etwa Wissensbereiche) darunter? Für den Bereich der Literatur könnte es sinnvoll sein, eine engere Bestimmung vorzunehmen, die textuelle Verkleinerungen an einem begrenzbaren Bezugswerk (Opus) ausrichtet. Eine breitere Bestimmung, die auch das Patrimonium als Bezugsgegenstand zulassen würde, hätte zur Folge, dass letztlich alle mit Auslassungen verknüpften textkulturellen Auswahlprozesse als Verkleinerungen im hier diskutierten Sinne zu rekonstruieren wären. Dann wäre eine beliebige buchförmige Lyriksammlung, die eine wie auch immer geartete Auswahl aus der gesamten historischen Lyriküberlieferung vornimmt (und die einzelnen ausgewählten Gedichte vollständig wiedergibt), bereits eine Verkleinerungsform. Ebenso wären Publikationsformate wie die populären »Kanon«-Schuber von Marcel Reich-Ranicki, die beanspruchen, die wichtigsten Werke der deutschsprachigen belletristischen Überlieferung zu versammeln, nicht nur erfolgreiche anthologische Ergebnisse von Auswahlprozessen, sondern auch textuelle Verkleinerungen im vollen Sinne.[41]

40 Zur Differenzierung dieser Begriffe vgl. Carlos Spoerhase: Was ist ein Werk? Über philologische Werkfunktionen. In: Scientia Poetica 11, 2007, S. 276-344.

41 Dass derartige Formen der Anthologisierung des Patrimoniums nicht als Verkleinerungen zu rekonstruieren sind, soll allerdings nicht bedeuten, dass sich in Anthologien nicht auch Verkleinerungen im engeren Sinne finden ließen: Nicht erst in gängigen nordamerikanischen College-Anthologien finden sich stark gekürzte Versionen von umfassenderen Ausgangswerken (z. B. von Versepen oder Romanen). Die oben empfohlene Beschränkung auf werkförmige Ausgangstexte lässt aber die Frage offen, ob sich die Ausgangsbasis der Verkleinerung nicht auch auf mehrere Werke erstrecken könnte: Die Beantwortung der Frage, ob die Verkleinerung sich aus einer größeren Anzahl heterogener Ausgangswerke speisen kann, würde unter anderem darüber entscheiden, in welches Verhältnis die Kompilation zu den oben diskutierten Fragen zu setzen wäre. Raible unterscheidet etwa Einzeltexte, die sich auf einen einzigen anderen Text beziehen, klar von Einzeltexten, die sich wie z. B.

Verkleinerungsformen sind zudem meist eigenständige Formen literarischer Sekundarität. Sekundarität bedeutet, dass die Verkleinerung immer mit einem Verweischarakter ausgestattet ist: Sie verweist auf einen vorausgehenden Primärtext. In diesem Sinne wären Kürzungen eines Ausgangstextes, die ohne Verweise auf diesen vorausgehenden Ausgangstext auskommen, keine Verkleinerungen. Das Erfordernis des Verweischarakters impliziert außerdem (wie oben bereits ausgeführt) eine Abfolgeordnung des Verkleinerns: Die Herstellung des längeren Textes geht der Herstellung des kürzeren voraus.[42] Die Eigenständigkeit impliziert weiterhin, dass die Verkleinerung ein selbständig verwendbarer Text ist, der relativ unabhängig von einer rahmenden Kotextualität gebraucht werden kann. Deswegen sind zusammenfassende Hinweise auf vorausgehende Ausgangstexte, die in (andere) längere Texte fest eingebettet sind und nur innerhalb dieser textuellen Einbettung funktionieren, keine vollgültigen Verkleinerungsformen im engeren Sinne: So handelt es sich bei Zitaten oder Zusammenfassungen in einem akademischen Aufsatz typischerweise eben nicht um vollwertige Verkleinerungsformen – was aber nicht ausschließt, dass bestimmte Praktiken der Reduktion im Vorfeld eingesetzt werden müssen, um einen anderen Ausgangstext so zu bearbeiten, dass er später in diesen Kurzformen in den Text des Aufsatzes eingebettet werden kann.[43]

Die Eigenständigkeit der Verkleinerungsformen bringt mit sich, Ausgangs- und Zieltext klar voneinander differenzieren zu können (wobei zu klären wäre, anhand welcher Kriterien diese Differenzierung bestimmt wird: Abgeschlossenheit, Veröffentlichung usw.). Diese grundlegende Differenzierung hat den Vorteil, Kürzungs- und Komprimierungsvorgänge, die im Rahmen der

das Florilegium auf eine Vielzahl (möglicherweise recht heterogener) anderer Texte beziehen; vgl. Raible: Arten des Kommentierens (Anm. 8).
42 Zur Poetik des Plans vgl. Spoerhase: Format der Literatur (Anm. 37), S. 479-502.
43 Vgl. dazu Wernfried Hofmeister: ›Inhaltsangaben‹ als literarhistorische Herausforderung dargestellt am Beispiel von Heinrich Wittenwilers Versepos »Der Ring«. In: Jahrbuch für internationale Germanistik 35, 2003, H. 2, S. 169-201.

schrittweisen Entstehung eines Textes stattfinden, nicht ebenfalls als Prozesse der Verkleinerung auffassen zu müssen. Das
Kürzen oder Komprimieren während des laufenden poetischen
Schaffensprozesses mündet nicht in spezifische Verkleinerungsformen; eine an dem abgeschlossenen, veröffentlichten Werk
nachträglich vollzogene Kürzung oder Komprimierung dagegen
schon. Hier bestätigt sich der oben formulierte Eindruck, dass
eine plausible Rekonstruktion textueller Verkleinerungsformen
an das Werkkonzept gebunden ist. Aus dem Erfordernis der
Eigenständigkeit folgt zudem, dass es sich nur dann um eine
gelungene Verkleinerungsform handelt, wenn sie in *bestimmten* Verwendungskontexten als Substitut für den Ausgangstext
fungiert, d. h. ein situatives Ersetzungspotenzial aufweist – was
aber nicht heißen soll, dass die Verkleinerungsform in *allen
möglichen* Verwendungskontexten eine vollgültige Alternative
zum Ausgangstext wäre.

Die skizzierte Selbständigkeit erweist sich zudem in ›Text-
verbünden‹ bzw. ›Textpaarungen‹, die den umfangreicheren
Ausgangstext mit dem gekürzten bzw. komprimierten Zieltext
verknüpfen. Diese Textverbünde müssen nicht mit substitutiven
Ansprüchen einhergehen, die den längeren Ausgangstext und den
gekürzten oder komprimierten Zieltext in ein Konkurrenzverhält-
nis rücken. Vielmehr sind komplementäre Praxisformen möglich,
in denen die verknappten Zieltexte herangezogen werden, um
einen ersten Zugang zu einem sehr langen oder anspruchsvollen
Ausgangstext herzustellen. Gegenüber überwältigenden und
überfordernden Texten steigt möglicherweise die Toleranz, sobald kleinere Überblicksformen kotextuell verfügbar sind, die das
anfangs nur schwer Überschaubare handhabbar machen. Pointiert
formuliert: Das Monumentalwerk kann kulturell auf den Lek-
türeleitfaden oder das Programmheft angewiesen sein, die vorab
eine Verkleinerung des unüberschaubaren Ganzen leisten und
durch Überblicksstiftung überhaupt erst die Möglichkeit einer
erfolgreichen Rezeption des Ausgangstextes eröffnen.

Schließlich stellt sich die Frage, inwieweit die Verkleinerungsformen durch einen Totalitätsbezug charakterisiert sein müssen:
Muss sich der Zieltext auf das Gesamte des Ausgangstextes be-

ziehen? Ist das Verkleinern mit dem Anspruch verbunden, die Totalität des Ausgangstextes zu erfassen? Ohne an dieser Stelle die verschiedenen Konzeptionen von Ganzheit, die historisch mit ins Spiel kommen können, im Einzelnen darzustellen, scheint das durchaus der Fall zu sein. Eine Kurzfassung hat aus dieser Perspektive nur dann den Charakter einer Verkleinerung, wenn sie mit dem Anspruch verbunden ist, den ganzen Ausgangstext in allen relevanten Aspekten angemessen zu vermitteln. Kurzfassungen, die diesen Ganzheitsbezug vermissen lassen, weil sie nur Ausschnitte des Ausgangstextes erfassen, sind in diesem Sinne keine vollgültigen Verkleinerungsformen. Textuelle Reduktionen, die einen Bezug auf das vorgängige Ganze aufrechterhalten, sind also zu unterscheiden von textuellen Transformationen, die diesen Bezug letztlich aufgeben.

Zusammengefasst handelt es sich bei Verkleinerungsformen um sekundäre Textformen, die einen markierten Bezug zu einem Ausgangstext herstellen, die den textuellen Bestand des Ausgangstextes kürzen bzw. seinen textuellen ›Gehalt‹ komprimieren, dabei aber dem Anspruch nach einen Bezug zur Gesamtheit des Ausgangstextes wahren. Wie stark der Ausgangstext dabei werkförmig bzw. der Zieltext selbständig sein muss, bedarf einer eingehenderen historischen Untersuchung.

4. Historische Funktionen

Für das skizzierte Phänomen findet man im 18. Jahrhundert viele Beispiele.[44] So enthalten etwa Friedrich Gottlieb Klopstocks *Messias* und andere umfangreichere Versdichtungen dieser Epoche (etwa Alexander Popes *Essay on Man*) an den Anfang gesetzte Verzeichnisse oder vor den einzelnen Gesängen jeweils knappe Prosazusammenfassungen. Ebenso finden sich in einer Vielzahl von Romanen dieser Zeit knappe Inhaltsangaben der einzelnen Romankapitel an den Kapitelanfängen oder auch in den Inhaltsverzeichnissen und Registern.[45] Erläutern lässt sich die historische Vielfalt von literarischen Verkleinerungsformen beispielsweise anhand von Friedrich Schillers Dramentrilogie *Wallenstein*, die sich aufgrund ihres Umfangs als reduktionsbedürftig erweist. Schiller selbst erstellte von der umfangreichsten Fassung seines Dramas verschiedene handschriftliche Kurzfassungen für die Bühne. Aber damit nicht genug: Zeitgenossen Schillers schrieben und vertrieben zeitnah Kurzfassungen seiner Dramentrilogie in Buchform. Schließlich wurde die Dramenhandlung auch in den Rezensionen des Stücks immer wieder zusammengefasst. Eine umfangreiche Dramentrilogie wie Schillers *Wallenstein* setzt also eine bemerkenswerte Verkleinerungsaktivität frei, wobei der Erfolg dieses Werks auch dieser vielgestaltigen textuellen Verkleinerungsarbeit geschuldet ist.[46]

Verkleinerungsformen basieren, wie aus der obigen Begriffsbestimmung ersichtlich wird, auf Textpraktiken, die aus einem umfangreicheren Ausgangstext einen verkürzten oder verdichteten Zieltext erstellen, dieses Verhältnis zwischen Ausgangs- und Zieltext markieren und einen Bezug zu der Totalität des

---

44 Zum 17. Jahrhundert vgl. u. a. M. Joh[ann] Christoph Männling: ARMINIUS ENUCLEATUS, Das ist: Des unvergleichlichen Daniel Caspari von Lohenstein/ Herrliche Realia, köstliche Similia, vortreffliche Historien/ merckwürdige Sententien, und sonderbahre Reden [...]. Stargardt und Leipzig [...] 1708.

45 Vgl. Nicholas Dames: The Chapter. A Segmented History from Antiquity to the Twenty-First Century, Princeton und Oxford 2023.

46 Vgl. Spoerhase: Format der Literatur (Anm. 37), S. 634-646.

Ausgangstextes wahren. Bislang dominierte in der Erforschung dieser Formen meist eine Beobachtungshaltung, die das textuelle Endprodukt fokussiert. Ebenso relevant ist aber die Transformation vom Ausgangs- zum Zieltext.[47] Welche linguistischen, ästhetischen, pragmatischen, generischen, medialen, materiellen, sozialen und normativen Veränderungen gehen mit den textuellen Verkleinerungsaktivitäten einher? Und welche Funktionen bzw. Leistungen werden dieser Aktivität zugeschrieben?

Beginnen wir mit den Leistungen dieser Formen: Es lassen sich drei spezifische Funktionen von Verkleinerungsformen identifizieren, die teilweise ineinandergreifen.[48] Erstens die zuverlässigere Speicherung und die Erhöhung der Zirkulation von Texten, d. h. die Tradierung von Texten bzw. textuell vermittelten Gehalten durch die Vereinfachung der textuellen Vervielfältigungsprozesse: Kürzung erleichtert das Abschreiben oder Memorieren. Zweitens die Steigerung der Zugänglichkeit, d. h. die Erhöhung der Teilhabe an Texten bzw. textuell vermittelten Gehalten: Kürzung fördert die Verbreitung in diversen Kontexten. Drittens die Etablierung von synoptischen Ordnungen, d. h. die Herstellung von Übersicht durch verknappende textuelle Darstellungsformen: Auf dem Wege der Komprimierung lässt sich schnell eine kursorische Übersicht über die Struktur eines umfassenderen Werks gewinnen.

Zunächst möchte ich auf die ersten beiden Punkte – auf die Erhöhung der Zirkulation und die Steigerung der Zugänglichkeit – eingehen. Zu diesem Zweck lohnt sich ein Blick auf einen europäischen Erfolgsroman. So wird *Robinson Crusoe* von Daniel Defoe im gesamten 18. und im frühen 19. Jahrhundert häufig

---

47 Vor allem für die Beobachtung der Antike lässt sich diese Perspektive nicht stringent umsetzen, weil die Ausgangstexte aus dieser Zeit häufig nicht erhalten sind; zum methodischen Problem, den Quellenwert der antiken Epitome zu bestimmen, vgl. die Überlegungen von P. A. Brunt: On Historical Fragments and Epitomes. In: Classical Quarterly 30, 1980, H. 2, S. 477-494.

48 Vgl. auch Tim Killick: Abridgement. In: Michael F. Suarez, S. J./ H. R. Woudhuysen (Hg.): The Oxford Companion to the Book, 2 Bde., Bd. 1, Oxford 2010, S. 445.

verkleinert. Die Anzahl der in diesem Zeitraum zirkulierenden reduzierten *Crusoe*-Ausgaben übersteigt die Menge der zirkulierenden integralen Texte bei Weitem.[49] Im 18. Jahrhundert sind etwa drei Viertel aller *Crusoe*-Ausgaben verkleinerte Fassungen (bei Übersetzungen in andere Sprachen finden häufig stillschweigende Kürzungen statt).[50] Auch andere international erfolgreiche Romane wie Samuel Richardsons *Pamela* erscheinen in zahlreichen Kurzfassungen, von denen manche im Untertitel sogar als »Miniaturen« ausgewiesen sind.[51] Gekürzte Fassungen sind in dieser Epoche keine kulturelle Ausnahmeerscheinung, sondern der Regelfall. Dass dies in der philologischen Forschung zum 18. Jahrhundert kaum berücksichtigt wird, hängt neben den oben genannten poetologischen Gründen mit dem philologischen Ethos der integralen Lektüre und der daraus folgenden Fokussierung auf den originalen ›Ganztext‹ zusammen. Außerdem

---

49 Vgl. Erhard Dahl: Die Kürzungen des »Robinson Crusoe« in England zwischen 1719 und 1819 vor dem Hintergrund des zeitgenössischen Druckgewerbes, Verlagswesens und Lesepublikums, Frankfurt a. M. u. a. 1977; vgl. auch Eve Tavor Bannet: Transatlantic Stories and the History of Reading, 1720-1810. Migrant Fictions, Cambridge 2011, S. 25-41; Andrew O'Malley: Poaching on Crusoe's Island: Popular Reading and Chapbook Editions of *Robinson Crusoe*. In: Eighteenth-Century Life 35, 2011, H. 2, S. 18-38; Emily Gowen: Transatlantic Abridgement and the Unstable Economics of *Robinson Crusoe*. In: American Literature 93, 2021, H. 4, S. 543-570.

50 Vgl. Jordan Howell: Eighteenth-Century Abridgements of *Robinson Crusoe*. In: The Library 15, 2014, H. 3, S. 292-342, hier S. 295 – wobei natürlich unterschiedlich stark gekürzte Versionen des Textes zirkulieren (vgl. ebd., S. 298-299). Zur Praxis der stillschweigenden Kürzung vgl. Michael F. Suarez, S. J.: Hard Cases: Confronting Bibliographical Difficulty in Eighteenth-Century Texts. In: Papers of the Bibliographical Society of America 111, 2017, H. 1, S. 1-30, hier S. 25.

51 Vgl. Michael F. Suarez, S. J.: In Good Company. The Business of Abridgements in Eighteenth-Century England. In: Tessa Whitehouse/N. H. Keeble (Hg.): Textual Transformations: Purposing and Repurposing Books from Richard Baxter to Samuel Taylor Coleridge. Essays in Honour of Isabel Rivers, Oxford 2019, S. 153-170, hier S. 156-157; vgl. auch Thomas Keymer/Peter Sabor: *Pamela* in the Marketplace. Literary Controversy and Print Culture in Eighteenth-Century Britain and Ireland, Cambridge 2005, S. 212-213.

führen die gängigen Bibliografien nicht-autorisierte Kürzungen (soweit bekannt) nicht auf; auch Bibliothekskataloge verzeichnen im Regelfall gar nicht erst, ob es sich bei einer Ausgabe um eine Kürzung handelt. So sind die gekürzten Ausgaben in der philologischen Forschung in mehrfacher Hinsicht unsichtbar – und schon die historischen Lesenden dürften nicht immer gewusst haben, dass sie gerade eine gekürzte Fassung in der Hand halten.

Zweifellos waren die Motivationslagen für derartige Verkleinerungsaktivitäten damals vielfältig. Kürzungen sind auch schon im 18. Jahrhundert häufig einem verlagsökonomischen Kalkül geschuldet.[52] So schützte das englische Copyright den Originalverleger nicht vor der Herstellung von Kürzungen; vielmehr konnte der Verleger der Kürzung für seine Fassung ein eigenes Copyright erwerben.[53] Dieser verlagsökonomische Anreiz, Kurzfassungen herzustellen und zu vertreiben, ist schon deshalb in Erinnerung zu rufen, weil sich solche Motive in den paratextuellen Rechtfertigungen der Kurzfassungen meist nicht artikuliert finden.[54] Aussagen, wonach man den ›Kern‹ oder den ›Inbegriff‹ einer Sache nun endlich auch in einer gedrängteren und verdichteten Weise vermitteln wolle, mögen gelegentlich wenig mehr gewesen sein als die Verschleierung von handfesten verlagswirtschaftlichen und buchhändlerischen Erwägungen.

Mit der häufig ökonomisch motivierten textuellen Kürzung geht eine Vielzahl von weiteren Veränderungen des Ausgangstextes einher. Der kürzere *Robinson Crusoe* etwa wird zu einem billigeren Buch und so für größere Kreise des Lesepublikums

---

52 Vgl. Dahl: Die Kürzungen (Anm. 49); Erhard Dahl operiert durchweg mit einer starken Entgegensetzung von ideellen und ökonomischen Motivationen und zieht dabei nicht in Erwägung, dass das Ideelle und das Ökonomische durchaus Hand in Hand gehen können.
53 Vgl. den Hinweis von Howell: Eighteenth-Century Abridgements (Anm. 50), S. 310.
54 Vgl. zu den vielfältigen Motivationslagen und Begründungsmodellen für Kürzungen im Übersetzungswesen des 18. Jahrhunderts auch die Hinweise von Jennifer Willenberg: Distribution und Übersetzung englischen Schrifttums im Deutschland des 18. Jahrhunderts, München 2008, S. 286-297.

erschwinglich. Vor allem aber setzen die Kürzungen eine gattungspoetologische Transformation in Gang, die *Robinson Crusoe* erst zu einem populäreren Werk werden lässt. Die Kurzfassungen straffen die Handlung des Romans und machen ihn so überhaupt erst zu einem spannenden und publikumswirksamen Abenteuerroman, was einem ›stillen‹ Gattungswandel gleichkommt. Durch die Kürzungen ergibt sich darüber hinaus eine materielle Transformation des Formats, da sich *Robinson Crusoe* derart in ein ›Chapbook‹ verwandelt: *Robinson Crusoe* wird ein kleinformatiges, meist bloß in Papier oder Pappe gebundenes, nicht selten mit einfachen Illustrationen versehenes ›Volksbuch‹, das von Kolporteuren vertrieben wird.[55]

Die geschilderten Transformationen (Preisreduktion, Publikumsvergrößerung, Genrewechsel und Formatwandel) weisen auf eine Popularisierung von Texten und Stoffen durch Kürzungen hin. Die zeitgenössischen Diskurse über textuelle Verkleinerungsformen deuten diese Popularisierung nicht selten als eine soziale ›Herunterstufung‹: Kürzungen und Komprimierungen umfangreicherer Texte adressieren dann Kinder, Jugendliche, Frauen, niedere Schichten, Schülerinnen und Schüler oder auch Leserinnen und Leser, die gerade erst eine Sprache erlernen oder sich einen Wissensbereich neu erschließen.[56] Je nachdem, ob die soziale Herunterstufung grundsätzlich erwünscht ist oder nicht, wird die kulturelle Aktivität des Kürzens und Komprimierens entsprechend positiver oder negativer bewertet.

Für die Vormoderne untersuchte Franz Josef Worstbrock diese Zusammenhänge anhand der Libri pauperum: Kürzungen und komprimierende Zusammenfassungen, die aufgrund ihrer textmateriellen Reduktion geringere Kosten verursachten und

---

55 Vgl. zur Lektüre der *Crusoe*-Kurzfassungen auch die Hinweise bei Jonathan Rose: The Intellectual Life of the British Working Classes, New Haven und London [2]2010, S. 106-111.

56 Vgl. zu Verfahren der Kürzung und Komprimierung im Bereich der Kinder- und Jugendliteratur die Hinweise bei Michael Schreiber: Übersetzung und Bearbeitung. Zur Differenzierung und Abgrenzung des Übersetzungsbegriffs, Tübingen 1993, S. 105-107, S. 275-278, S. 289-293 und S. 301-306.

deshalb auch von ›armen‹ Leserinnen und Lesern erstanden und gelesen werden konnten. Weil sie »in kleinen Heften, bisweilen auf einem einzigen Blatt« untergebracht wurden, bestachen sie gegenüber den umfangreicheren Ausgangstexten durch eine höhere Portabilität.[57] Und wegen ihres geringeren Textumfangs und niedrigeren Schwierigkeitsgrads erforderten sie weniger Vorkenntnisse, konnten mit reduziertem Zeitaufwand gelesen werden und erleichterten schulische Aneignungspraktiken wie das Repetieren und Memorieren.[58] Die Gattungsbezeichnung »Libri pauperum« verweist auf Armut als Hinderungsgrund für den

---

57 Franz Josef Worstbrock: Libri pauperum. Zu Entstehung, Struktur und Gebrauch einiger mittelalterlicher Buchformen der Wissensliteratur seit dem 12. Jahrhundert. In: Christel Meier/Dagmar Hüpper/Hagen Keller (Hg.): Der Codex im Gebrauch, München 1996, S. 41-60, hier S. 53. Vgl. auch Franz Josef Worstbrock: Dilatatio materiae. Zur Poetik des ›Erec‹ Hartmanns von Aue. In: Frühmittelalterliche Studien 19, 1985, S. 1-30. Die Libri pauperum sind nicht nur kürzer als die Ausgangstexte, sondern lassen sich aufgrund dieser Kürze auch in kleineren Medienformaten unterbringen als die Ausgangstexte. Die verknappten Tascheneditionen von juristischen Kommentaren oder die handlichen Reiseausgaben von Wörterbüchern sind zweifellos einfacher transportierbar als ihre großformatigen ›Geschwister‹. Die Verwendung dieser verknappten Ausgaben dient auch einer situationsspezifischen Ergänzung der ›normalen‹ Verwendung von extensiveren Ausgaben. In bestimmten Bereichen ist zudem eine flankierende Rhetorik der Handlichkeit und Handhabbarkeit beobachtbar, die häufig damit einhergeht, dass sich das materielle Artefakt auch wortwörtlich in einer Hand halten lässt. Vgl. Susan Stewart: On Longing. Narratives of the Miniature, the Gigantic, the Souvenir, the Collection, Durham und London 1993, S. 46. So stellt sich die interessante Frage, ob es nicht ein wichtiges Merkmal bestimmter Ausprägungen der frühneuzeitlichen Weisheitsliteratur ist, auch materiell handlich und portabel zu sein. Inwiefern ist es, um ein Beispiel zu nennen, dem Anliegen Baltasar Graciáns selbst geschuldet, dass das *Oráculo manual* nicht nur konzise formuliert ist, sondern in der Erstausgabe auch so kleinformatig ist, dass es in jeder Lebenssituation ›bei der Hand‹ sein kann?

58 Vgl. Worstbrock: Libri pauperum (Anm. 57), S. 44, S. 47, S. 57-58. Wobei Lucie Doležalová darauf hinweist, dass es sich bei den Summarien, die als Instrumente des Memorierens gebraucht wurden, keineswegs selbst um verständliche Texte handeln musste; vgl. Lucie Doležalová: The *Summarium Biblicum*: A Biblical Tool both Popular and Obscure.

Besitz des größeren ›Ganztextes‹. Neben ökonomischen Gründen sind für den regen Gebrauch reduzierter Texte aber eben auch didaktische Gründe anzusetzen: Die kleineren Libri pauperum eröffnen Anfängerinnen und Anfängern einen ersten Zugang zu einer umfassenderen Materie. Wo das Interesse weiterhin dem Ausgangstext selbst gilt,[59] handelt es sich bei den Zieltexten um Kürzungen, die sich auf das Ganze des Ausgangstextes beziehen, sich um eine gleichmäßige Einkürzung des Ausgangstextes bemühen und dabei der Anordnung des Ausgangstextes folgen, wobei die Einheiten des Zieltextes sich an den kleinsten Ordnungseinheiten des Ausgangstextes orientieren.[60] Man könnte hier von textueller Miniaturisierung im engeren Sinne sprechen. Das bereits oben diskutierte Kriterium des Totalitätsbezugs der Verkleinerungsformen wird auch von Worstbrock hervorgehoben:

Nicht jedes ›kleine‹ Buch kann schon ein Liber pauperum sein. Bedingendes Merkmal ist die [...] auf eine vorgängige Ganzheit bezogene, sie abbildende Reduktion.[61]

Die spezifische ›Sekundarität‹ der Kürzungen und Komprimierungen drückt sich für Worstbrock interessanterweise auch in ihrem Mangel an Diskutierbarkeit aus: Die Zieltexte »konnten selber nie Texte der wissenschaftlichen Diskussion sein«.[62] Die Gebrauchszusammenhänge der Verkleinerungsformen unterliegen also einer Bereichsbeschränkung: Fraglich ist aus dieser Perspektive nicht, ob diese Formen grundsätzlich legitim sind, sondern in welchen praktischen Verwendungsbereichen und mit welchen Absichten auf sie sinnvoll zurückgegriffen werden darf. Zweifellos lässt sich Ähnliches im Hinblick auf die komprimie-

---

In: Eyal Poleg/Laura Light (Hg.): Form and Function in the Late Medieval Bible, Leiden und Boston 2013, S. 163-184, hier S. 183.

59 Vgl. auch Worstbrock: Libri pauperum (Anm. 57), S. 55.

60 Dies lässt sich als Hinweis darauf deuten, dass der Erhaltung binnenstruktureller Merkmale historisch ein hohes Gewicht zukam; vgl. ebd., S. 53.

61 Ebd., S. 57.

62 Ebd., S. 60.

rende Zusammenfassung von literarischen Texten beobachten: So werden Zusammenfassungen literarischer Texte durchaus intensiv rezipiert, werden aber selber nicht Gegenstand von wissenschaftlichen Diskussionen oder abwägenden literaturkritischen Besprechungen. Kürzungen und Komprimierungen sind so nützlich wie diskursiv satisfaktionsunfähig. Diese diskursive Satisfaktionsunfähigkeit der Verkleinerung ist ein Signum des Sachverhalts, dass die Substitutionsfähigkeit im Hinblick auf den Ausgangstext letztlich immer situativ beschränkt ist, d. h. an spezifische historische Kommunikationssituationen gekoppelt bleibt.

Innerhalb eines bestimmten, beispielsweise wissenschaftlichen Diskurses mag ein Ausgangstext nicht durch einen komprimierten Zieltext (etwa ein Resümee) substituierbar sein, weil der Zieltext lediglich eine ›dienende‹ Funktion hat, in diesem Fall also zum Ausgangstext und zu seinem Verständnis hinführen soll (Verkleinerung als abhängige Textsorte). Wird dieser Zieltext aber in eine andere Kommunikationssituation, zum Beispiel in einen politischen Diskurskontext übertragen, der den ursprünglich akademischen Kontext überlagert, so kann die Substitution des Ausgangstextes situativ unproblematisch werden, weil in diesem neuen Kontext die ›dienende‹ Funktion des Zieltextes erlischt (Verkleinerung als unabhängige Textsorte in einem bestimmten Gebrauchszusammenhang). Während in einer akademischen Kommunikationssituation der große Bezugstext eines kleinen Abstracts zumindest hypothetisch abrufbar bleiben muss, wird in einer politischen Kommunikationssituation diese grundlegende Abrufbarkeit suspendiert – vielbeschäftigte Politikerinnen und Politiker können bestimmte Problemstellungen nur auf der Grundlage eines Abstracts oder eines Executive Briefs diskutieren.

Wie das Beispiel der Politik deutlich zeigt, verbindet sich textuelle Verkleinerung historisch auch mit einer sozialen ›Heraufstufung‹. Sie dient dann einer vielbeschäftigten Elite, der es aufgrund ihrer vielfältigen Aufgaben an Lektürezeit notorisch mangelt, als vollgültiges Orientierungsinstrument. Bereits in der Vormoderne gilt die starke Beanspruchung durch berufliche Geschäfte als Hinderungsgrund für die Rezeption des umfangreicheren Ausgangstextes und als Argument für den Gebrauch verknappender

Textgenres.[63] Verkleinerungsformen lassen sich dann aus der Perspektive einer Effizienzsteigerung von Lektüreprozessen und Verfahren der Wissensaneignung beobachten.[64] Freilich bedeutet die faktische Nutzung dieser Verknappungsformen in bestimmten Diskurskontexten nicht schon, dass man sich ohne Weiteres zu ihrem Gebrauch bekennt. Zweifellos bleiben Kürzungen und Komprimierungen sowohl im literarischen als auch intellektuellen Bereich häufig mit einem kulturellen Stigma besetzt.[65] Die Redaktorinnen und Redaktoren der Verkleinerungen und ihre Abnehmerinnen und Abnehmer werden dort, wo sich die Textreduktionen einer hohen Gebrauchsfrequenz erfreuen, weiterhin als Agentinnen und Agenten der Vereinfachung und Verflachung, mithin der Trivialisierung von Texten disqualifiziert.

Man darf diesen Trivialisierungsverdacht nicht selbst trivialisieren. Wenn die neuere Forschung gelegentlich behauptet, dass die Kürzungen und Komprimierungen den integralen Originaltexten nicht schadeten, sondern sie diskursiv präsent hielten,[66] so ist das in einem handfesten textmateriellen Sinne zwar richtig, in einem textkulturellen aber problematisch. Zweifellos stellt sich die Verkleinerung unter modernen medialen Bedingungen nicht unbedingt materiell an die Stelle des Ausgangstextes, da die Kurzfassung nicht mehr, wie noch häufig in der Antike, rein überlieferungsmäßig den Originaltext verdrängt. Dessen ungeachtet bleibt es aber problematisch, wenn die Kürzung oder Komprimierung im kulturellen Gedächtnis ganz an die Stelle des Originaltextes rückt und in der Folge nur bestimmte Aspekte des ›Gehalts‹ des integralen Ausgangstextes kulturell präsent hält. Es stellt sich mithin

---

63 Vgl. ebd., S. 58.
64 Es wäre umfassender zu prüfen, in welchem Maße die Kurzfassungen der Romane des 18. Jahrhunderts auch intensiv von sozialen Oberschichten genutzt wurden; vgl. dazu den Hinweis von Howell: Eighteenth-Century Abridgements (Anm. 50), S. 301-302.
65 Vgl. Jennifer Snead: The Work of Abridgements: Readers, Editors and Expectations. In: Bonnie Gunzenhauser (Hg.): Reading in History. New Methodologies from the Anglo-American Tradition, London 2010, S. 77-89, hier S. 77.
66 Vgl. Howell: Eighteenth-Century Abridgements (Anm. 50), S. 315.

die Frage, welche Aspekte des ›Gehalts‹ eines Werks zu erhalten sind, wenn man das Werk selbst nicht preisgeben möchte. Was sich dem retrospektiven Blick der historisch-philologischen Forschung als indirektes Präsenthalten des integralen Ausgangstextes darstellt, kann sich als eine textuelle Transformation erweisen, die die Integrität und Integralität des Ausgangstextes empfindlich einschränkt. Adam Smith beispielsweise ließ sich nur deshalb ohne größere Widerstände zu einem neoliberalen Vordenker stilisieren, weil sein umfangreiches Hauptwerk *The Wealth of Nations* in gekürzten Ausgaben zirkulierte, die die kulturellen und historischen Einbettungen der ökonomischen Argumente aussparten.[67] Im Rahmen von Komprimierungsoperationen befinden Kollektive über die kulturell tradierenswerten Elemente und Eigenschaften des Ausgangstextes – gelegentlich mit erheblichen Konsequenzen für die weitere Rezeption.

Neben die beiden geschilderten Funktionen von Verkleinerungsformen – die Erhöhung der Zirkulation und die Steigerung der Zugänglichkeit – tritt drittens das Stiften von Übersicht. Wie das kurz erwähnte Beispiel der knappen Prosazusammenfassungen am Kopf der einzelnen Gesänge von Klopstocks *Messias* zeigt, dienen beispielsweise solche narrativen Inhaltsangaben auch der Etablierung von synoptischen Ordnungen, und zwar an Stellen, wo zunächst ein ›unmittelbarer‹ Überblick aufgrund des großen Versumfangs noch nicht zu haben ist. Die reduzierte Inhaltsangabe befriedigt also das ›holografische‹ Bedürfnis nach Übersicht über das Ganze: Im Fall der vorangestellten Prosazusammenfassungen handelt es sich zugleich um synoptische ›Vorgriffe‹ auf das Ganze. Ein ähnliches ›holografisches‹ Verlangen lässt sich bei Goethe beobachten, der 1798 für den eigenen Gebrauch eine komprimierte Prosafassung der *Ilias* erstellt (*Ilias zwölf Gesänge im Auszug*), die ihm dabei hilft, den Zusammenhang der home-

---

67 Vgl. etwa die Bemerkungen zur Kürzungsgeschichte von *An Inquiry into the Nature and Causes of the Wealth of Nations* bei Kathryn Sutherland: Introduction. In: Adam Smith: An Inquiry into the Nature and Causes of the Wealth of Nations. A Selected Edition. Hg. von Kathryn Sutherland, Oxford 2008, S. IX-XLV.

rischen Gesänge besser nachzuvollziehen.[68] Bis in die Gegenwart wird die Frage der Herstellung von Übersicht im Bereich der Künste im Kontext der Laokoon-Problematik verhandelt, d. h. des Verhältnisses von temporalem Nacheinander und räumlichem Nebeneinander. Das Herstellen von synoptischen Ordnungen im Bereich der Literatur erweist sich in dieser Diskussion als Akt des Überführens einer komplexen konsekutiven Textordnung, die temporal-sequentiell rezipiert werden muss, in ein räumlich-synoptisch rezipierbares Darstellungsmodell, das das konsekutiv Angeordnete in einem ›detemporalisierten‹ Modus gleichsam ›auf einen Blick‹ verfügbar macht.[69] Insofern Verkleinerungsformen Übersicht herstellen, können sie funktional mit anderen Methoden in Bezug gesetzt werden, die ebenfalls einer Etablierung von synoptischen Ordnungen zuarbeiten, darunter grafische Verfahren, durch die komplexe und umfangreiche (sequenzielle) Textordnungen in weniger komplexe und weniger umfangreiche (synoptische) Überblicksdarstellungen wie Listen, Tabellen und Diagramme überführt werden.[70]

---

68 In überarbeiteter Form wurde die Kurzfassung 1821 und 1822 in Goethes Zeitschrift *Ueber Kunst und Alterthum* abgedruckt; vgl. Johann Wolfgang Goethe: Ilias zwölf Gesänge im Auszug. In: Ueber Kunst und Alterthum. Von Goethe. Dritten Bandes zweytes Heft, Stuttgard 1821, S. 1-42; Dritten Bandes drittes Heft, Stuttgard 1822, S. 1-51.

69 Vgl. dazu Andrea Polaschegg: Der Anfang des Ganzen. Eine Medientheorie der Literatur als Verlaufskunst, Göttingen 2020, S. 245-367. Aus dieser Perspektive wurde darauf hingewiesen, dass die Epitome dort, wo sie den erhofften Überblick tatsächlich stiftet, unvermeidlich den mit einer konsekutiven textuellen Dynamik verbundenen dialektischen Charakter einer Gedankenführung unsichtbar macht (und damit ein bloß an Resultaten orientiertes philosophisches Denken forciert) oder den ebenfalls mit konsekutiven textuellen Dynamiken verflochtenen spannungsorientierten Charakter von narrativen Texten reduziert (und damit eine immersive Lektürehaltung untergräbt).

70 Vgl. dazu u. a. Lutz Danneberg: Diagrammata und Tabulae als Darstellungsweisen: Analysen, Beobachtungen und Beispiele. In: Martin Endres/Axel Pichler/Claus Zittel (Hg.): Textologie. Theorie und Praxis interdisziplinärer Textforschung, Berlin und Boston 2017, S. 199-255; Arndt Brendecke: Synopse, Segment und Vergleich. Zum Leistungsvermögen tabellarischer Geschichtsdarstellungen der Frühen Neuzeit.

Nicht erst in der Gegenwart stellt sich die Frage, wer überhaupt autorisiert ist, derartige kürzende oder komprimierende Transformationen eines Ausgangstextes vorzunehmen. Sollte die Verkleinerung idealerweise von der Autorin oder dem Autor selbst vorgenommen werden? Oder muss die Verkleinerung, wenn sie grundsätzlich auch von anderen Personen vorgenommen werden darf, zumindest von der Autorin kontrolliert und autorisiert werden?[71] Bereits für die Antike sind Beispiele von Autoren überliefert, die mit eigenen Kurzfassungen auf zirkulierende oder doch wenigstens antizipierte (nicht autorisierte) Kurzfassungen ihrer Werke aus fremder Hand reagieren, weil sie befürchten, dass es den fremden Fassungen an Werktreue mangelt.[72]

Grundsätzlich steht derjenige, der eine textuelle Verkleinerung vornimmt, vor einer redaktionellen Aufgabe. Die Figur des Verkleinerungskünstlers wäre einer Kulturgeschichte des Redaktors zuzuordnen, wobei sich die Frage stellt, ob unter dem Redaktor eine konkrete Person mit eigenständigem und fest umrissenem Aufgabenprofil oder eher eine abstrakte Operation, d. h. eine redaktionelle Texttransformationspraxis, verstanden werden muss. In jedem Fall handelt es sich bei dieser redaktionellen Textpraxis um eine textlogisch nachgeordnete und temporal nachträgliche, verkleinernde (kürzende oder komprimierende) Bearbeitung eines bereits ›feststehenden‹ Textes, wenn man, wie oben vorgeschlagen, diese Textpraxis von lektorierenden Textpraktiken unterscheiden möchte, die im Rahmen des Textproduktionsprozesses nicht selten ebenfalls verkleinernde (kürzende oder komprimierende) Überarbeitungen mit sich bringen. Die

In: Storia della Storiografia 39, 2001, S. 75-85. Neben das Kürzen und Komprimieren treten Darstellungspraktiken wie das Freilegen der Disposition eines literarischen Textes durch eine ›plane‹ diagrammatische Darstellung; ebenso abstrahierende Textumgangspraktiken, die in schulischen Kontexten durch das wiederholte Erstellen von Gliederungen, Inhaltsangaben usw. eingeübt werden.

71 Vgl. zur rechtshistorischen Dimension Ronan Deazley: The Statute of Anne and the Great Abridgement Swindle. In: Houston Law Review 47, 2010, H. 4, S. 793-818.

72 Vgl. etwa zu Galen den Hinweis bei Opelt: Epitome (Anm. 18), Sp. 957.

Verkleinerungsarbeit ist also eine ›sekundäre‹ Redaktion, die an eine zuvor erfolgte ›primäre‹ Produktion anschließt.[73]

Mit reduktiven Redaktionsarbeiten geht häufig ein erhöhter Rechtfertigungsbedarf einher. Die historische Rekonstruktion der Verkleinerungsarbeit als einer spezifischen textuellen Transformationspraxis ist deshalb mit der historischen Rekonstruktion eines parallelen Problematisierungsdiskurses verbunden: Unter welchen Gesichtspunkten galt das Verkleinern als problematisch? Mit welchen Argumenten wurde vom Verfassen, vom Vertrieb oder von der Verwendung von Verkleinerungen abgeraten? Und unter welchen kulturellen Voraussetzungen fand eine Entproblematisierung von Verkleinerungsformen statt?

Eine Entproblematisierung ergibt sich häufig bei der Übertragung in eine andere Sprache: Nicht selten wurden Übersetzungen offenbar als Lizenzen für ausdrückliche oder stillschweigende Kürzungen verstanden.[74] Es wäre zu erforschen, unter welchen kulturellen Voraussetzungen die Übertragung von einer Sprache in eine andere eine höhere Akzeptanz von Kürzungen und Komprimierungen mit sich bringt. Eine Entproblematisierung von Verkleinerungsaktivitäten findet weiterhin bei einem Wechsel von Darstellungsmodus und -medium statt. Da jede Übersetzung eines Werks in einen anderen Darstellungsmodus (zum Beispiel

---

73 Vgl. die Diskussion weiter oben. – Nicht näher besprochen werden kann die Frage, welche Konsequenzen die Aktivitäten von Redaktorinnen bzw. Redaktoren für die jeweiligen historischen Konzeptualisierungen von Autorschaft mit sich bringen. Man sollte hier Problemstellungen wie die folgenden im Auge behalten: Wird die Stellung der Autorin bzw. des Autors des Ausgangstextes durch Kürzungen bzw. Komprimierungen gestärkt oder geschwächt? In welchen Fällen sind die temporal gestaffelten textuellen Aktivitäten von Autorinnen bzw. Autoren und Redaktorinnen bzw. Redaktoren als Formen von kollaborativer, distribuierter oder delegierter Autorschaft zu verstehen? Unter welchen Voraussetzungen werden die Verantwortlichen für redaktionelle Kürzungen bzw. Komprimierungen, die nicht von der Autorin oder vom Autor des Ausgangstextes selbst vorgenommen und von ihr oder ihm möglicherweise auch nicht autorisiert worden sind, anonymisiert oder ›onymisiert‹?

74 Vgl. dazu auch Suarez: Hard Cases (Anm. 50), S. 25.

von Versen in Prosa) oder ein anderes Darstellungsmedium (etwa vom Buch in das Hörbuch oder auf die Bühne) zwangsläufig mit der Wegnahme und Hinzufügung von (potenziell) ästhetisch relevanten Eigenschaften einhergeht, scheinen Verfahren der Verkürzung oder Verdichtung hier akzeptierter zu sein.

Eine weitere Entproblematisierung der Verkleinerungsformen besteht beim Wechsel der Pragmatik der Texte. Bislang wurde kaum untersucht, unter welchen Voraussetzungen die Verkleinerung eine pragmatische ›Neuausrichtung‹ des Ausgangstextes bewirkt. Übernimmt die gekürzte oder komprimierte Fassung die ästhetischen, ethischen oder epistemischen Geltungsansprüche des Ausgangstextes? Will der Zieltext ebenso wie der Ausgangstext den Rezipierenden plausibel machen, dass eine bestimmte Aussage zutrifft; oder will er nur darüber informieren, dass im Ausgangstext eine bestimmte Aussage plausibilisiert wird? Will der Zieltext ebenso wie seine Vorlage durch die Darstellung einer Handlung ästhetisch erfreuen, erschüttern, unterhalten, belehren oder überwältigen; oder will der Zieltext nur über die Handlung seiner Vorlage unterrichten? Wie diese Fragen nahelegen, muss man unterscheiden zwischen einer gekürzten oder komprimierten Nacherzählung, die selbst als Erzählung präsentiert wird (etwa ein miniaturisierter Roman), und einer kürzenden oder komprimierenden Charakterisierung einer Erzählung, die selbst keine Erzählung im vollen Sinne des Wortes sein will (zum Beispiel die informative Inhaltsangabe eines Romans).[75] Es ist jedenfalls nicht so, dass mit der Verkleinerung eines Ausgangstextes notwendigerweise eine metatextuelle Utilitarisierung der textuellen Kommunikation (im Sinne von informierenden oder unterrichtenden Schreibweisen) einhergeht.[76] Eine ausdrückliche ›utilitaristische‹ Repragmatisierung der Textualität im Zuge der

---

75 Vgl. dazu die Hinweise bei Genette: Palimpseste (Anm. 38), S. 336-337.

76 Derartige ›Geltungstransfers‹ können in der Rezeptionsgeschichte hinzukommen bzw. auch wieder verschwinden: So kann es passieren, dass eine Kurzfassung, die zunächst nur das an anderer Stelle vollgültig formulierte Argument übersichtlich darstellen sollte, später selbst als vollgültige Formulierung dieses Arguments rezipiert wird.

Verkleinerungsarbeit kann aber durchaus eine Entproblematisierung des Kürzens oder Komprimierens mit sich bringen.

Die Verkleinerung wird schließlich auch dort entproblematisiert, wo Poetiken (auch Wissenspoetiken) zur Verfügung stehen, die redaktionell hergestellte Verknappung ästhetisch oder epistemisch prämieren. Die redaktionelle Tätigkeit der nachträglichen Kürzung oder Komprimierung wird dann als eine ›Verbesserung‹ des Ausgangstextes verstanden.[77] Wo sich kulturell eine Präferenz für Perfektionierung durch redaktionelle Revision etabliert,[78] mithin eine literarische »Verbesserungsästhetik«[79] bzw. textuelle »culture of the upgrade« konstituiert,[80] lässt sich die redaktionelle Kürzung und Komprimierung eines vorliegenden ›Zuviel‹ als wertvolle Verbesserungsaktivität auffassen.[81] Zweifellos kann dieses ›Zuviel‹ auf ganz unterschiedliche Weise konzeptualisiert werden: Vorstellungen des Digressiven, Redundanten, Supplementären oder Ornamentalen implizieren nicht selten, dass gezielte redaktionelle Verknappungen einen Text perfektionieren, etwa durch eine höhere ästhetische Prägnanz oder argumentative Stringenz. Inwiefern derartige Vorstellungen von textueller Perfektibilität darauf hinauslaufen, dass der fremdredaktionell hergestellte, knappere Zieltext den umfassenderen Ausgangstext ästhetisch oder epistemisch vollgültig substituiert (und insofern seinen nachgeordneten Charakter verliert), wäre eigens zu diskutieren.

Bisher wurde von Verkleinerungsarbeit im engeren Sinne nur dort gesprochen, wo sich der Prozess des Kürzens oder Komprimierens in einem textuellen Produkt manifestiert. Die im Zuge

---

77 Vgl. Howell: Eighteenth-Century Abridgements (Anm. 50), S. 293.
78 Vgl. ebd., S. 304-305.
79 Vgl. Steffen Martus: Die Entstehung von Tiefsinn im 18. Jahrhundert. Zur Temporalisierung der Poesie in der Verbesserungsästhetik bei Hagedorn, Gellert und Wieland. In: Deutsche Vierteljahrsschrift für Literaturwissenschaft und Geistesgeschichte 74, 2000, H. 1, S. 27-43.
80 Adrian Johns: Piracy. The Intellectual Property Wars from Gutenberg to Gates, Chicago und London 2009, S. 49.
81 Vgl. zu diesem ›Zuviel‹ u. a. Judith Schlanger: Trop dire ou trop peu. La densité littéraire, Paris 2016.

dieser Beschränkung ausgeklammerten Praktiken des Verkleinerns, die in keinen fassbaren textuellen Produkten resultieren,
sollen hier aber nicht vollständig aus dem Blickfeld geraten. Von
Interesse sind vor allem Prozesse der textuellen Reduktion im
Zuge der Textrezeption: So findet sich in der einschlägigen Forschung die Position, dass historisch überlieferte Verkleinerungsformen (verstanden als textuelle Produkte) uns Rückschlüsse auf
historisch gegebene reduktive Lektürepraktiken (verstanden als
textbasierte Rezeptionsprozesse) erlauben.[82] Demgemäß ließe
sich ausgehend von der Beobachtung, dass die ursprünglich in
Epen enthaltenen Listen häufig nicht in den Kurzfassungen dieser
Epen wiedergegeben sind, darauf schließen, dass die Listen auch
im historischen Lektürevollzug der vollständigen Epenfassun-
gen faktisch ausgeklammert oder übersprungen wurden. Streng
genommen verraten die Kurzfassungen allerdings nichts über
historische Lektürepraktiken, sondern allenfalls etwas über die
vom Redaktor jeweils intendierte Rezeption.[83] Aber sie liefern
uns indirekte Hinweise, welche Vorstellungen vom richtigen
Umgang mit Texten historisch vorherrschten, welche Hindernisse
sich der Realisierung dieser Vorstellungen entgegenstellten und
mit welchen Kulturtechniken diese Hindernisse überwunden
werden sollten.[84]

Die Betrachtung von Kurzfassungen ist auch deshalb so interessant, weil die von einer Kultur privilegierten textuellen
Kompressionsformen immer auch grundlegende Vorstellungen
darüber mittransportieren, welche Textumgangsformen und
Aufmerksamkeitshaltungen für kulturelle Artefakte als angemessen gelten. Manifeste Verknappungsformen können in ein

82 Vgl. Snead: The Work of Abridgements (Anm. 65).
83 Es sei zudem angemerkt, dass nicht jede Kurzfassung von den historischen Lesenden als eine solche erkannt und rezipiert wurde; markierte,
für die Lesenden identifizierbare Kurzfassungen wären von nicht
markierten, nicht identifizierbaren zu unterscheiden. Für einschlägige
Hinweise aus mediävistischer Perspektive danke ich Eva von Contzen.
84 So auch Lutz Koepnick: Reading in the Age of Compression. In: Poetics
Today 42, 2021, H. 2, S. 193-206, hier S. 205; vgl. dazu auch Griem:
Szenen des Lesens (Anm. 7).

aussagekräftiges Verhältnis zu historischen Lektürepraktiken gesetzt werden, die selbst wiederum als Formen rezeptionsseitiger Verkleinerung fungieren. Die Lesenden bedienen sich etwa reduktiver Rezeptionsstrategien: Praxisformen wie das selektive Lesen in gelehrten Kontexten (die konsultative Lektüre einzelner Passagen einer Studie), das kursorische Lesen (das Herstellen eines ›holografischen‹ Horizonts für statarische Lektüren) und das überblätternde Lesen in belletristischen Kontexten (die Lektüre allein der spannenden Passagen einer Erzählung) lassen sich als Verkleinerungen im weiten Sinne einer verknappenden Lektürepraxis verstehen. Handelt es sich hier um situative ›Reduktionen‹, die sich an idiosynkratischen Interessenlagen individueller Lesender orientieren? Das Nichtbeachten von Textteilen oder das Überspringen ganzer Textpassagen können jedenfalls als Ad-hoc-Verfahren nachträglicher Verkleinerung aufgefasst werden – auch wenn diese Verfahren weder systematisch noch reflektiert erfolgen und auch nicht in die Herstellung eines neuen sekundären Textes (einer Verkleinerungsform im engeren Sinne) münden.

Von der verknappend verfahrenden Lektürepraxis wäre allerdings die philologische Belegpraxis zu unterscheiden, die ihren literarischen Untersuchungsgegenstand in den literaturwissenschaftlichen Argumentationsvorgang nur punktuell integriert. In der bisherigen Forschung wird beides mit dem Ausdruck »Stellenlektüre« charakterisiert – wohl weil man die rezeptionsspezifische (bzw. lektürespezifische) Problematik der Stellenlektüre bislang nicht trennscharf von der interpretationslogischen (bzw. rechtfertigungslogischen) Problematik der philologischen Belegstelle unterschied. Die Stellenlektüre im Sinne der nur ausschnittweisen oder auswählenden Rezeption eines größeren Textzusammenhangs[85] ist aber klar abzusetzen von der Belegstelle im Sinne eines nur ausschnittweisen und auswählenden argumentativen Bezugs auf einen größeren Textzusammenhang, der im Rahmen einer

---

85 Vgl. dazu Wolfgang Braungart/Joachim Jacob: Stellen, schöne Stellen. Oder: Wo das Verstehen beginnt, Göttingen 2012; Harun Maye: Blättern/Zapping. Studien zur Kulturtechnik der Stellenlektüre seit dem 18. Jahrhundert, Zürich 2019.

literaturwissenschaftlichen Textumgangspraxis die integrale Lektüre in der Regel voraussetzt.[86] Wenn etwa Klaus Zöllner in seiner wegweisenden Studie über die »very important paragraphs« in der philologischen Rezeptionsgeschichte von Jonathan Swifts *Gulliver's Travels* zeigt, dass sich die literaturwissenschaftliche Forschung auf eine überschaubare Anzahl von intensiv zitierten, analysierten und interpretierten Belegstellen konzentriert, so ist dies gerade keine Aussage über eine darüber hinausweisende verkürzende Lektürepraxis.[87] Zumal wenn neben den Werkbezug ein Bezug auf den akademischen Sozialzusammenhang einer philologischen »community of practice« tritt, die ihre Deutungskontroversen nicht selten anhand von ausgewählten Passagen austrägt, weshalb das Aufführen bestimmter Passagen meist bereits ganze innerfachliche Debattenzusammenhänge komprimiert aufruft.

86 Vgl. zur Delegation der Suche nach Belegstellen Steffen Martus / Carlos Spoerhase: Geistesarbeit. Eine Praxeologie der Geisteswissenschaften, Berlin 2022, S. 71-90.
87 Vgl. Klaus Zöllner: »As you can see in the text ...« Which passages do literary scholars quote and interpret in »Gulliver's Travels«? »Quotation analysis« as an aid to understanding comprehension processes of longer and difficult texts, Frankfurt a. M. u. a. 1989. Gerade bei der Interpretation von umfangreichen Texten ist diese Belegpraxis ohne Alternative; dagegen ließe sich z. B. bei einem Sonett verlangen, dass die Deutung alle Verse anführt und eingehend würdigt.

5. Miniaturen des »Messias«

Laut Plinius dem Älteren habe Cicero einmal von »einem auf Pergament geschriebenen Exemplar der Ilias von Homer, das in einer Nuß eingeschlossen war«, berichtet.[88] Das verkleinerte Epos dient Plinius als Beispiel für die unglaubliche Sehkraft des Schreibers. In der Folge ist das auf Nussgröße reduzierte Epos zu einer Metapher für Kulturpraktiken der Miniaturisierung geworden: Wenn wir heute von einem Text ›in nuce‹ sprechen oder ein Werk ›in einer Nussschale‹ vorstellen, meinen wir in der Regel nicht eine mikroskopische Verkleinerung der Buchstaben, sondern die starke Zusammenfassung eines umfangreicheren Ausgangswerks.

Auch Klopstocks großes Epos wurde ›in nuce‹ präsentiert. Wer von seinen Zeitgenossinnen und Zeitgenossen eine Zusammenfassung des *Messias* lesen wollte, musste aber nicht erst auf die 1795 publizierte *Kleine Messiade* warten. Ab 1751 versah nämlich Klopstock selbst das Versepos mit knappen Texten, in denen er vor jedem Gesang seine Handlung konzise in Prosa rekapitulierte. Den ersten Gesang etwa, der 699 Verse umfasst, resümierte Klopstock so, dass der »Inhalt« vorab in 22 Prosasätzen und auf einer Druckseite Platz findet – und insofern auch synoptisch, d. h. auf einen Blick erfassbar ist (Abb. 4).[89] Passionierte Klopstock-Lesende schätzten diese Prosazusammenfassungen, in denen das anspruchsvolle Werk sich gleichsam selbst komprimiert.[90]

Es bleibt aber nicht bei dieser einen intratextuellen Zusammenfassung von Klopstocks eigener Hand. Neben diese selbstverantworteten treten bald auch fremdverantwortete For-

---

88 C. Plinius Secundus d. Ä.: Historia naturalis/Naturkunde. Hg. und übers. von Roderich König in Zusammenarbeit mit Joachim Hopp und Wolfgang Glöckner, Zürich und Düsseldorf 1973-1996, B. 7, S. 64-65: »in nuce inclusam Iliadem Homeri carmen in membrana scriptum tradit Cicero«.

89 Zu ähnlichen Verfahren bei Bodmer vgl. Spoerhase: Format der Literatur (Anm. 37), S. 491-493.

90 Vgl. Paul Großer: Der Junge Klopstock im Urteil seiner Zeit, Breslau 1937, S. 10 und S. 21.

Inhalt
des erſten Geſangs.

Der Meßias entfernt ſich von dem Volke, geht auf den Oelberg, und verſpricht Gott noch einmal in einem feyerlichen Gebete, die Erlöſung zu übernehmen. Sein Engel, Gabriel, wird hierauf von ihm in den Himmel geſchickt, dieß Gebet vor Gott zu bringen. Um den Himmel ſind lauter Sonnen. Gabriel geht durch einen Sonnenweg, von dem ehmals ein ätheriſcher Strom nach Eden herunter floß. Er hört auf einer der nächſten Sonnen ein Lied mit an, das allezeit nach dem Dreymalheilig, geſungen wird. Eloa, der erhabenſte unter allen Engeln, und den Gott beſonders zu ſeinen Dienſten braucht, kömmt Gabriel entgegen, und führt ihn zu dem Altare des Meßias. Gabriel opfert Räuchwerk, und begleitet das Opfer mit dem Gebete des Meßias, welches er vor Gott ſingt. Alles erwartet ſtill die Antwort Gottes. Gott eröffnet durch ein Donnerwetter das Allerheiligſte des Himmels, die Seligen zu ſeiner Antwort vorzubereiten. Seraph Elea und Cherub Urim unterreden ſich von dem, was ſie in dem Allerheiligſten ſehen. Gott redet nunmehr. Er ſey die Liebe; itzo, da die Erlöſung des menſchlichen Geſchlechts angienge, wollte er einen zweyten Sabbath feyern, die Seelen der Väter ſollten auf die Sonne herunter ſteigen, von da Zeugen der Erlöſung zu ſeyn. Auch empfängt Gabriel Befehle, an den Engel der Sonne, und an die Engel der Erde, wegen der Wunder beym Tode Jeſu. Die Thronenengel vertheilen ſich, wegen der Feyer des zweyten Sabbaths, durch die Himmel. Gabriel ſteigt zur Erde herab. Er findet den Meßias ſchlafend. Er redet ihn gleichwohl, als den Allwiſſenden, an. Er geht von da zu den Schutzengeln der Erde. Ihr Wohnplatz iſt mitten in der Erde, auf einer kleinern Sonne. Hierzu kömmt er durch eine Oeffnung bey dem Nordpole. Er findet die Engel der Erde auf ihrer Sonne, und die Seelen ganz zarter Kinder, die hier zum Himmel vorbereitet werden. Von hier erhebt er ſich zur Sonne, und findet da die Seelen der Väter bey Uriel, dem Engel der Sonne.

Abb. 4 [Friedrich Gottlieb Klopstock]: Der Messias. Erster Band. Mit Königl. Pohln. und Churf. Sächs. Königl. Preußischen und Churf. Brandenburgischen allergnädigsten Privilegien. Halle, im Magdeburgischen Verlegt von Carl Herrmann Hemmerde, 1751, S. 2.

men der Kürzung und Komprimierung. Der Bedarf an einer »abgekürzte[n] Messiade« bzw. an einem »*Messias* im Kleinen« wird 1795 in der bereits genannten Schrift *Die kleine Messiade. Eine heroische Chrestomathie aus Klopstocks Messias gezogen* angezeigt.[91] Sie erscheint als *Erster Theil* einer *Encyklopädie der Deutschen Musterschriften zum Gebrauch in Schulen*. Wahrscheinlich war es Benjamin Weiske, der damalige Konrektor zu Schulpforta, der die miniaturisierte *Messiade* redigierte und herausgab.[92] Klopstocks Epos soll also in der Schule unterrichtet werden – eine Bemühung, die sich im 19. Jahrhundert im Rahmen der Einführung der Lektüre von deutschen Klassikern im Schulunterricht fortsetzen wird,[93] wobei nur die Lektüre von Auszügen aus dem Epos, mithin von »Stücke[n] aus *Klopstocks* Meßias« vorgesehen ist.[94] Die Adressatinnen und Adressaten der *Kleinen Messiade* sind Weiske zufolge Personen, denen es

91 [Klopstock]: Die kleine Messiade [vermutl. bearb. v. Weiske] (Anm. 5) [im Folgenden im Haupttext zitiert mit der Sigle KM], S. VI-VII [kursivierter Teil gesperrt, C. S.].

92 Vgl. den Hinweis zur Identität des Herausgebers bei Karl August Böttiger: VIII. Klopstock, im Sommer 1795. Ein Bruchstück aus meinem Tagebuche. In: Minerva [Taschenbuch] 6, 1814, S. 313-352, hier S. 342.

93 Vgl. Elmar Schwinger: Literarische Erziehung und Gymnasium. Zur Entwicklung des bayerischen Gymnasiums in der Ära Niethammer/Thiersch, Bad Heilbrunn 1988, S. 91-108, S. 160-179 und S. 241-245.

94 Vgl. Friedrich Immanuel Niethammer: Allgemeines Normativ der Einrichtung der öffentlichen Unterrichts Anstalten in dem Königreiche [1808]. In: Georg Lurz (Hg.): Mittelschulgeschichtliche Dokumente Altbayerns, einschließlich Regensburgs, gesammelt und mit einem geschichtlichen Überblick versehen, 2 Bde., Bd. 2: Seit der Neuorganisation des Schulwesens in der zweiten Hälfte des 16. Jahrhunderts bis zur Säkularisation, Berlin 1908, S. 561-584, hier S. 581 [kursivierter Teil gesperrt, C. S.]. Vgl. zu weiteren Verwendungsweisen des *Messias* im gymnasialen Schulunterricht um 1800 auch Johann Daniel Schulze: Ideenmagazin für Lehrer in obern Klassen der Gymnasien und Lyceen zu zweckmäßigen schriftlichen Arbeiten für ihre Schüler, Weißenfels und Leipzig 1804, S. 240-276. – Vgl. die Hinweise in Georg Jäger: Schule und literarische Kultur, Bd. 1: Sozialgeschichte des deutschen Unterrichts an höheren Schulen von der Spätaufklärung bis zum Vormärz, Stuttgart 1981, S. 59-62. Vgl. zuvor auch bereits Erhard Hirsch: Klopstock und die Pädagogen des XVIII. und XIX. Jahrhunderts. In:

entweder an Bildung oder aber an Zeit und Muße mangelt: also einerseits Schüler, andererseits aber auch viel beschäftigte und leicht abgelenkte Erwachsene. Erstens seien selbst »Deutsche[ ] Meisterwerke« wie der *Messias* nicht geeignet, »jungen Leuten *ganz* in die Hände gegeben zu werden« (KM, S. V);[95] zweitens gebe es immer »Liebhaber schöner Gedichte, welche aus Mangel an Zeit, oder Geduld, oder Kenntnissen, sich nur an kleinen und leichten Produkten guter Dichter vergnügen« könnten (KM, S. XI). Das große Ganze des epischen Gedichts gilt es deshalb für diese Lesepublika durch Praktiken des Kürzens und Komprimierens resolut zu verkleinern.

Wie sind derartige pädagogische und poetologische Bemühungen um ›Verkleinerung‹ textkulturell einzuordnen? Mit Blick auf die vorangehenden grundlegenden Überlegungen lässt sich die kulturelle Aktivität des textuellen Kürzens und Komprimierens historisch adäquat beschreiben. Werfen wir einen genaueren Blick auf die *Kleine Messiade*. Zunächst lässt sich sehen, dass die Verkleinerung des *Messias* Verfahren der Kürzung mit Verfahren der Komprimierung kombiniert.[96] Dem Redaktor und Herausgeber zufolge sei es »nicht genug, einige der vorzüglichsten Stellen daraus abdrucken zu lassen«; ebenso unbefriedigend sei es aber, »den bloßen Inhalt anzugeben«; beides müsse vielmehr auf überzeugende Weise »verbunden werden« (KM, S. VII). Einerseits sollen also ausgewählte Sequenzen (»Rhapsodien«) des Epos in ihrem Wortlaut erhalten bleiben: Der Redaktor will »nicht ausgehobene und abgerissene Stellen« drucken, »sondern ganze Stücke liefern« (KM, S. VI). Andererseits ist der Zusammenhang zwischen den selegierten Sequenzen durch die Einfügung von knappen Zusammenfassungen zu gewährleisten: Der Redaktor besteht auf der Notwendigkeit des »zwischen den Rhapsodien fortlaufend mitgetheilten Inhalt[s]« (KM, S. XIV). Nur die Verbindung von Kürzung und Komprimierung erlaube, das Ganze

Friedrich Gottlieb Klopstock: Werk und Wirkung. Hg. von Hans-Georg Werner, Berlin [Ost] 1978, S. 125-142.

95 Kursivierter Teil gesperrt, C. S.

96 Vgl. auch Schreiber: Übersetzung und Bearbeitung (Anm. 56), S. 315.

des *Messias* umfangmäßig zu reduzieren, ohne aber das Ganze zu kompromittieren. Derart könne das »Werk abgekürzt« werden, bleibe dabei »aber unverstümmelt« (KM, S. XIV).

Das Versprechen, das der Redaktor und Herausgeber formuliert, lautet, dass sich die Leserinnen und Leser der Kurzfassung eine Übersicht über das Versepos verschaffen können (KM, S. VIII und S. IX), mithin »einen Blick über das Ganze« erhalten und »das Ganze durch einen schnellen Ueberblick zu fassen« bekommen (KM, S. XIII und S. XIV). Dieses »Ganze«, das das Lesepublikum durch die Lektüre des verkleinerten *Messias* vollständig »übersehen« und sich »vor Augen […] stellen« soll, wird als die »Haupt-anlage« des Werks charakterisiert (KM, S. XIV). Die Miniaturisierung erlaube es, »Schriften von einigem Umfange […] auf das Wesentlichste zurückzuführen« (KM, S. XIV). Die redaktionelle Textreduktion verfolgt das gleiche Ziel wie die Prosazusammenfassungen, die Klopstock selbst den Gesängen des *Messias* vorgeschaltet hatte. So übersichtlich die auf einer Druckseite platzierten Zusammenfassungen Klopstocks auch waren, dem Redaktor und Herausgeber des »*Messias* im Kleinen« schienen sie noch zu lang. Für die Prosazusammenfassungen Klopstocks ist immer eine Druckseite reserviert, vor allem bei den ersten Gesängen wird der Platz auf dieser Seite auch vollständig ausgeschöpft. Erst ab dem elften Gesang des *Messias* (d. h. ab den Gesängen des dritten Bandes) werden die Zusammenfassungen Klopstocks deutlich kürzer. In der *Kleinen Messiade* finden sich die Inhaltszusammenfassungen der Gesänge, die dort auf »Rhapsodien« reduziert sind, deshalb nochmals verkleinert (Abb. 5).

Auch diese nochmalige Verkleinerung der Verkleinerung erfolgt unter der Maßgabe der gesteigerten Überblicksstiftung.[97]

---

97 Vgl. zur Überblicksstiftung auch die folgenden Rezensionen: [R. r.]: Die kleine Messiade [Rez.]. In: Oberdeutsche, allgemeine Litteraturzeitung im Jahre 1795. Achter Jahrgang, zweyte Jahreshälfte, Julius bis December, Stück CXXVII, Montag, den 26. 10. 1795, Sp. 828–829, hier Sp. 829: »Der Verkürzer […] faßte den Entschluß, nur die hervorstechendsten Schönheiten dieses Gedichtes auszuheben, und den *Messias von Klopstock* im Kleinen zur Uebersicht darzustellen. […] Die ganze Messiade erscheint nun also hier in 41 Rhapsodien, welche in der That den Schatz

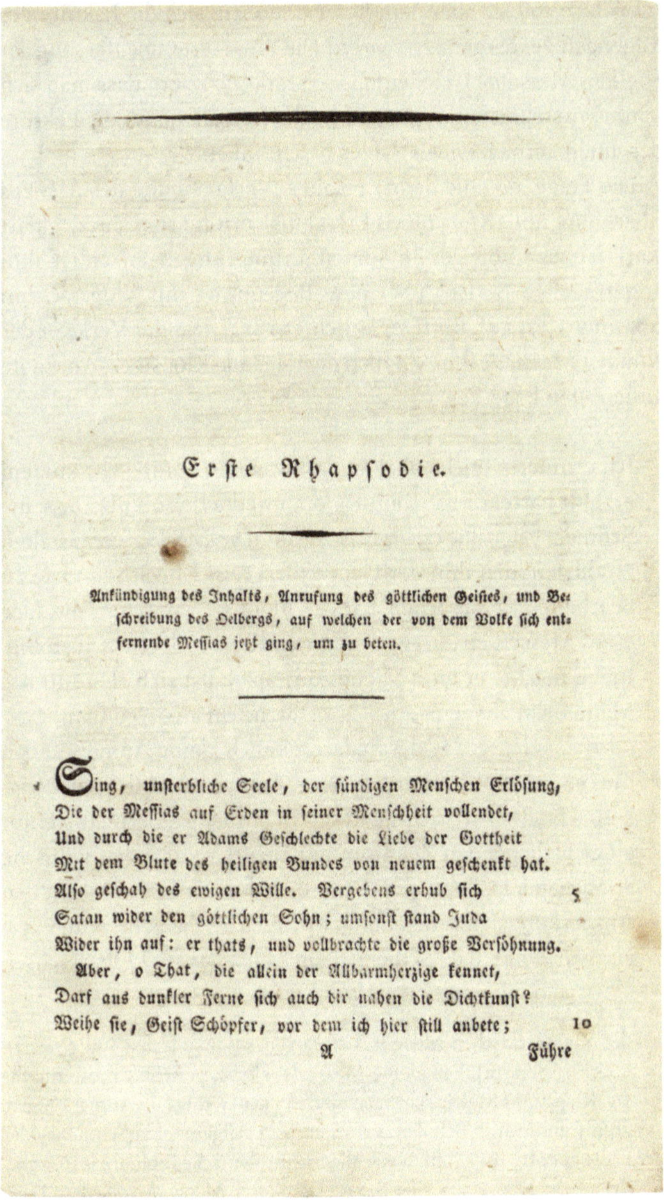

Erste Rhapsodie.

Ankündigung des Inhalts, Anrufung des göttlichen Geistes, und Beschreibung des Oelbergs, auf welchen der von dem Volke sich entfernende Messias jetzt ging, um zu beten.

Sing, unsterbliche Seele, der sündigen Menschen Erlösung,
Die der Messias auf Erden in seiner Menschheit vollendet,
Und durch die er Adams Geschlechte die Liebe der Gottheit
Mit dem Blute des heiligen Bundes von neuem geschenkt hat.
Also geschah des ewigen Wille. Vergebens erhub sich   5
Satan wider den göttlichen Sohn; umsonst stand Juda
Wider ihn auf: er thats, und vollbrachte die große Versöhnung.

Aber, o That, die allein der Allbarmherzige kennet,
Darf aus dunkler Ferne sich auch dir nahen die Dichtkunst?
Weihe sie, Geist Schöpfer, vor dem ich hier still anbete;   10

A   Führe

Abb. 5   [Klopstock]: Die kleine Messiade [vermutl. bearb. v. Weiske] (Anm. 5),
S. XIX.

Inwiefern soll sie aber dem Leser erlauben, sich die Lektüre des folgenden Textes ganz zu sparen? Die Prosazusammenfassung der *Kleinen Messiade* ist jedenfalls so stark reduziert, dass man sich kaum vorstellen kann, jemand wollte sich allein auf die Lektüre des einen verbleibenden Satzes beschränken.

Die Frage, ob eine derart resolute Verknappung des *Messias* überhaupt mit »*Klopstock's* Erlaubnis« erfolgt sein kann,[98] klärt Karl August Böttiger in seinen Erinnerungen an einen ihm zugetragenen Bericht über eine Begegnung mit Klopstock im Sommer 1795 auf. Böttiger berichtet 1814, dass der Verleger der *Kleinen Messiade* ihm kürzlich die folgende Klopstock-Anekdote zugetragen habe:

Ich erinnerte mich dabei an das, was mir *Campe* vor kurzem erzählt hatte. Er bat Klopstocken um die Erlaubniß, für seine Schulencyclopädie einen Auszug aus dem Messias veranstalten zu dürfen, den ihm der Conrector *Weiske* in Schulpforte zu bearbeiten versprochen hatte. Offenbar war schon die Idee eines Messias *en abregé* dem guten Klopstock etwas anstößig. Indeß machte er gute Miene zum Spiel, bat sich aber nur das Manuscript vor dem Druck zur Durchsicht aus, weil Campe geschrieben hatte, daß der Redacteur auch kleine Anmerkungen hinzuzufügen für nöthig erachte. Campe schickte auch Weiskens Handschrift richtig an die Behörde, und erhielt sie mit einer beiliegenden Zustimmung zurück. Nur etwas wünsche er abgeändert. Der Commentator habe sich mehrmals in den Anmerkungen des Belobungswortes: *artig* bedient. Nun wisse er zwar wohl, daß es die artigen Leipziger und Obersachsen

der Klopstockischen Muse in sich fassen.« [kursivierter Teil gesperrt, C. S.]; [Anonym]: Die kleine Messiade; eine heroische Chrestomathie aus Klopstocks Messias gezogen, und mit den nöthigsten Anmerkungen, zum Gebrauch in Schulen, versehen. Zur Allgemeinen Schulencyklopädie gehörig [Rez.]. In: Neue allgemeine deutsche Bibliothek 26, 1796, St. 2, H. 5, S. 341-342, hier S. 342: Die *Kleine Messiade* solle dem Leser erlauben, das »große[ ] Ganze[ ]« des Epos »im Kleinen zu übersehen«.
98 Thieß: Friedrich Gottlieb Klopstock (Anm. 6), S. 63, Anm. 110 [kursivierter Teil gesperrt, C. S.].

mit diesem Worte recht gut meinten; allein es schiene ihm doch, von Stellen im Messias gebraucht, nicht recht passend, weil er doch nie gehört habe, daß man eine schöne Stelle im Jesaias oder Hiob *artig* genannt habe.[99]

Wenn man dieser Anekdote glauben darf, war Klopstock über die *Kleine Messiade* nicht nur unterrichtet, sondern hat ihrer Publikation sogar zugestimmt. Man kann die kolportierte Bemerkung Klopstocks, die Beurteilung einzelner Passagen des *Messias* als »*artig*« missfalle ihm, aber als deutliches Signal verstehen, dass der Autor sich durchaus der Gefahr bewusst war, eine entsprechende Verknappung seines monumentalen Epos könne auf eine Verkleinerung seiner kulturellen Leistung, die er mit Verweis auf die Bibel nicht gerade niedrig ansetzt, hinauslaufen.

Für den kulturellen Bedarf an solchen Verkleinerungen spricht, dass noch 1821 (und dann in zweiter Auflage 1824) ein *Messias, nach dem Bedürfnisse unserer Zeit abgekürzt* erscheint, der außerdem ein miniaturisiertes Buchformat aufweist.[100] Wie die *Kleine Messiade* bedient sich diese »abgekürzte Messiade« der Verfahren der Kürzung und Komprimierung, um als »Vorschule zur Verständlichkeit, Erbaulichkeit und Würdigung des Meisterwerkes« zu dienen (MB, S. XXIX). Das große Werk Klopstocks soll derart zu einem »Werkchen« werden (MB, S. XXXV), das »kleine Andachtsübungen« in der Schule anleiten kann (MB, S. XLII). Die Kurzfassung reduziert die zwanzig Gesänge des Versepos auf sechs. Das Verfahren der »Abkürzung« folgt dabei einer biblischen Richtschnur: Es wird nämlich »die von Klopstock zu der biblischen Symbolik hinzugefügte Dichtersymbolik abge-

---

99 Böttiger: VIII. Klopstock, im Sommer 1795 (Anm. 92), S. 341-342 [Kursivierungen im Original gesperrt, der französische Ausdruck im Original in Antiqua, C. S.].

100 [Friedrich Gottlieb Klopstock]: F. G. Klopstock's Messias, nach dem Bedürfnisse unserer Zeit abgekürzt. Erster Theil [1.-3. Gesang]. Zweiter Theil [4.-6. Gesang]. Etui-Bibliothek der Deutschen Classiker. N⁰. LV und N⁰. LVI. Heilbronn, bey G. G. Strasser. 1821 [im Folgenden im Haupttext zitiert mit der Sigle MB]. – Die Maße der beiden zusammengebundenen Teilbände sind circa 10 x 8 × 2,5 cm.

schnitten« (MB, S. XXIX-XXX). Hinzu treten auch in diesem Fall Prosazusammenfassungen (Abb. 6).

Als Adressat dieser Reduktionsarbeit sollte man sich nicht allein ein evasives Lesepublikum vorstellen, für das die Kurzfassung die Konfrontation mit dem größeren Ausgangstext restlos ersetzt. Denn derartige Verkleinerungsformen bergen in sich auch das Potenzial, die Lektüre des großen Ausgangswerks weitgehend von übergreifenden inhaltlichen Dimensionen zu entlasten – wer aufgrund der Vorablektüre der Prosazusammenfassung über die Protagonisten und die Ereignisse des folgenden Gesangs bereits informiert ist, kann sich umso intensiver mit den ästhetisch relevanten Eigenheiten der Gesänge befassen. So dient eine Prosaminiatur, die den Ausgangstext nicht ersetzt, sondern ergänzt, einer anspruchsvollen ästhetischen Auseinandersetzung mit Poesie.

Dies bemerkten bereits Klopstocks Zeitgenossinnen und Zeitgenossen. Da die Veröffentlichung der ersten drei Gesänge des *Messias* noch keine Summarien enthält,[101] spricht Johann Caspar Hess 1749 in einem an Johann Jakob Bodmer gerichteten Brief die Empfehlung aus, Klopstock möge den Gesängen doch Summarien voranstellen:

Meines Bedenkens wäre es auch gut, wenn der Dichter selbst einem jeden Gesang richtige und ausführliche Summarien voransezte. Dieses würde zu besserem Verstand des Gedichtes für die meisten Leser nützlicher seyn als alle Rezensionen, die noch bisher gemacht worden sind.[102]

---

101 [Friedrich Gottlieb Klopstock]: Der Messias ein Heldengedicht. HALLE, bey Carl Herrmann Hemmerde. 1749.

102 Johann Caspar Heß an Johann Jacob Bodmer, 17. 5. 1749. In: Gotthold Friedrich Stäudlin: Briefe berühmter und edler Deutschen an Bodmer, Stuttgart 1794, S. 101-108, hier S. 103. Zu Hess und Klopstock vgl. Urs Meyer: Der *Messias* in Zürich. Die Klopstock-Rezeption bei Bodmer, Breitinger, Waser, Hess und Lavater im Lichte des zeitgenössischen Literaturmarktes. In: Anett Lütteken/Barbara Mahlmann-Bauer (Hg.): Bodmer und Breitinger im Netzwerk der europäischen Aufklärung, Göttingen 2009, S. 474-496.

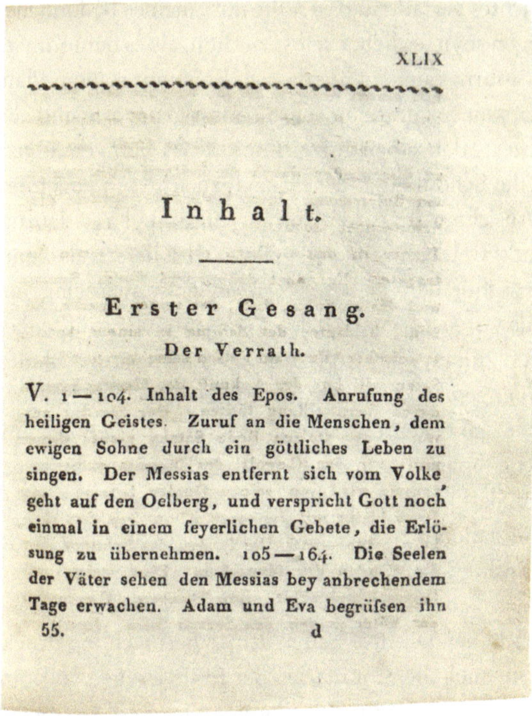

Inhalt.

Erster Gesang.
Der Verrath.

V. 1—104. Inhalt des Epos. Anrufung des
heiligen Geistes. Zuruf an die Menschen, dem
ewigen Sohne durch ein göttliches Leben zu
singen. Der Messias entfernt sich vom Volke
geht auf den Oelberg, und verspricht Gott noch
einmal in einem feyerlichen Gebete, die Erlösung zu übernehmen. 105—164. Die Seelen
der Väter sehen den Messias bey anbrechendem
Tage erwachen. Adam und Eva begrüfsen ihn
55.   d

Abb. 6   [Klopstock]: F. G. Klopstock's Messias, nach dem Bedürfnisse unserer Zeit abgekürzt (Anm. 100), S. XLIX.

Die zwei Jahre später erschienene Ausgabe der ersten fünf
Gesänge des *Messias* enthält die von Hess angeregten Summarien, was Bodmer in einer Besprechung wiederum eingehender
würdigt:

Diese Ausgabe hat vor einem jeden Gesang den Inhalt dessel-
ben, der ohne Zweifel aus der Feder des Dichters selbst her-
fließt. Denn er ist so abgefaßt, daß der Plan auf die bequemste
Weise ins Auge fällt, und dem Leser, den das Einzele [*sic*] in
der Ausführung zu stark beschäftigt, itzt sehr leicht gemachet
worden, das Ganze und den Zusamenhang der Haupt-Theile
zu übersehen. Ein Heldendichter erweist seinen Lesern einen
wichtigen Dienst, wenn er selbst den Inhalt oder Plan seines

Gedichtes verfaßt: und es sollte ihm, meines Bedünkens, daran gelegen seyn, es lieber selbst zu thun, als es dem Kunstrichter oder Journalisten zu überlassen. Er ist mit seinem Plan selbst am besten bekannt, und kan also aufs genaueste und auch aufs leichteste denselben aufzeichnen. Es ist weniger zu besorgen, daß die Schönheiten des Ganzen zu schwach angemerkt und die Absichten der Anreizung zuweilen unter Weitläuftigkeiten bedeckt werden, wenn er den Plan selbst liefert, als wenn es ein andrer thut, der von besondern Stellen so stark eingenommen ist, daß er sich, wenn er den Plan schreiben müßte, bey denselben zu lang, bey andern hingegen zu kurz aufhalten und also das geschickte und bequemste Ebenmaaß nicht beobachten würde. Ich bekenn, wenn ich den Inhalt hätte liefern müssen, welchen man von einem Critischen Recensent billig erwartet hätte, daß ich diese Arbeit nicht als etwas leichtes auf mich würde genommen haben. Ich liefere denselben also, wie er, dem Vermuhten nach, vom Dichter selbst geschrieben worden.[103]

Auf den folgenden fünf Seiten seiner Besprechung druckt Bodmer dann auch die Summarien der fünf Gesänge vollständig ab (Abb. 7).[104] Die Summarien übernehmen an dieser Stelle nicht so sehr die Funktion des Nachweises, dass Klopstock mit seinem Werk überhaupt planvoll verfährt[105] oder dass mit einem sukzessiven Erscheinen der ausstehenden Werkteile noch zu rechnen ist,[106] sondern die Funktion der Erleichterung einer anspruchsvolleren ästhetischen Rezeption.

Die von Klopstock vorgenommenen und insofern auch im strikten Sinne autorisierten prosifizierenden Selbstminiaturisierungen

103 [Johann Jakob Bodmer]: Crito. Eine Monat-Schrift. Erster Band. Zürich, bey David Geßner, Gebrüder, ANNO MDCCLI, S. 18-19.
104 Vgl. ebd., S. 19-23.
105 Vgl. Frauke Berndt: Poema/Gedicht. Die epistemische Konfiguration der Literatur um 1750, Berlin und Boston 2011, S. 240.
106 Vgl. Steffen Martus: Werkpolitik. Zur Literaturgeschichte kritischer Kommunikation vom 17. bis ins 20. Jahrhundert mit Studien zu Klopstock, Tieck, Goethe und George, Berlin und New York 2007, S. 244-245.

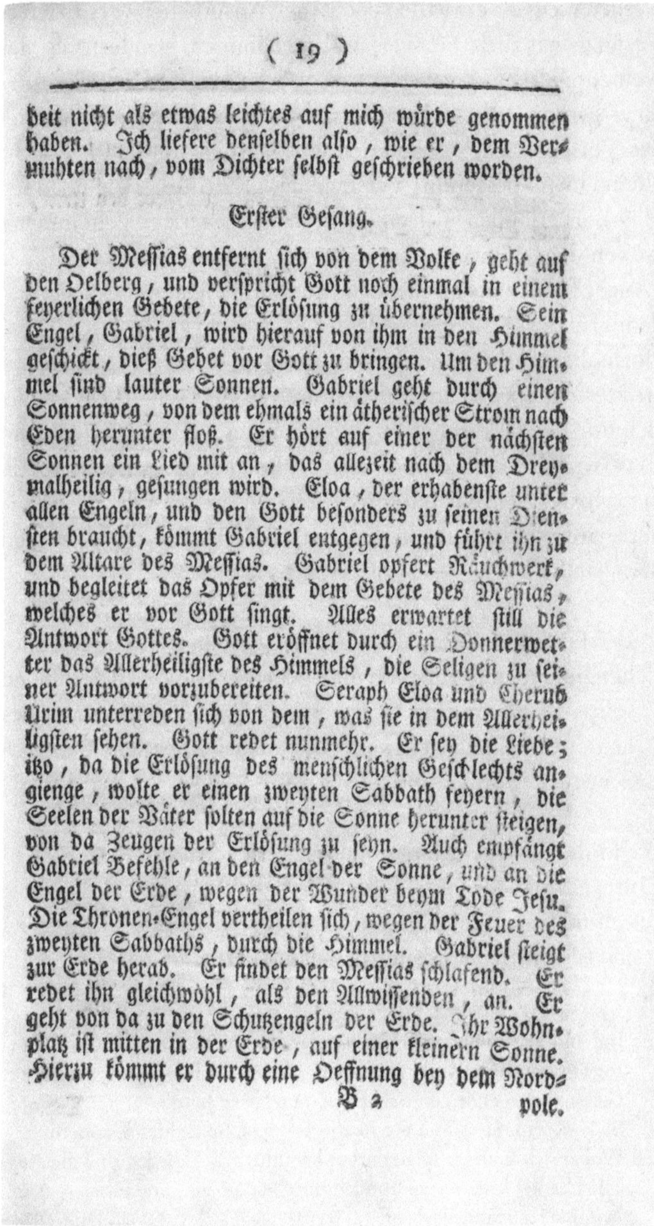

beit nicht als etwas leichtes auf mich würde genommen
haben. Ich liefere denselben also, wie er, dem Ver=
muhten nach, vom Dichter selbst geschrieben worden.

Erster Gesang.

Der Messias entfernt sich von dem Volke, geht auf
den Oelberg, und verspricht Gott noch einmal in einem
feyerlichen Gebete, die Erlösung zu übernehmen. Sein
Engel, Gabriel, wird hierauf von ihm in den Himmel
geschickt, dieß Gebet vor Gott zu bringen. Um den Him=
mel sind lauter Sonnen. Gabriel geht durch einen
Sonnenweg, von dem ehmals ein ätherischer Strom nach
Eden herunter floß. Er hört auf einer der nächsten
Sonnen ein Lied mit an, das allezeit nach dem Drey=
malheilig, gesungen wird. Eloa, der erhabenste unter
allen Engeln, und den Gott besonders zu seinen Dien=
sten braucht, kömmt Gabriel entgegen, und führt ihn zu
dem Altare des Messias. Gabriel opfert Räuchwerk,
und begleitet das Opfer mit dem Gebete des Messias,
welches er vor Gott singt. Alles erwartet still die
Antwort Gottes. Gott eröffnet durch ein Donnerwet=
ter das Allerheiligste des Himmels, die Seligen zu sei=
ner Antwort vorzubereiten. Seraph Eloa und Cherub
Urim unterreden sich von dem, was sie in dem Allerhei=
ligsten sehen. Gott redet nunmehr. Er sey die Liebe;
itzo, da die Erlösung des menschlichen Geschlechts an=
gienge, wolte er einen zweyten Sabbath feyern, die
Seelen der Väter solten auf die Sonne herunter steigen,
von da Zeugen der Erlösung zu seyn. Auch empfängt
Gabriel Befehle, an den Engel der Sonne, und an die
Engel der Erde, wegen der Wunder beym Tode Jesu.
Die Thronen=Engel vertheilen sich, wegen der Feuer des
zweyten Sabbaths, durch die Himmel. Gabriel steigt
zur Erde herab. Er findet den Messias schlafend. Er
redet ihn gleichwohl, als den Allwissenden, an. Er
geht von da zu den Schutzengeln der Erde. Ihr Wohn=
platz ist mitten in der Erde, auf einer kleinern Sonne.
Hierzu kömmt er durch eine Oeffnung bey dem Nord=

B 2   pole.

Abb. 7   [Bodmer]: Crito (Anm. 103), S. 19.

werden nicht als etwas den poetischen Ansprüchen versifizierter Gesänge gänzlich Fremdes wahrgenommen, sondern als der wohldurchdachte Versuch einer Ermöglichung und Erleichterung eines genuin ästhetischen Zugriffs auf die »Weitläuftigkeiten« des Versepos. Die Summarien ermöglichen für Bodmer nicht allein einen »bessere[n] Verstand des Gedichtes« (wie noch für Hess), sie erlauben auch einem Leser, der »stark eingenommen« ist von dem »Einzel[n]e[n]« und von »besondern Stellen«, das »Auge« für den übergreifenden »Zusam[m]enhang« der Teile und damit für die »Schönheiten des Ganzen« nicht zu verlieren. Diese Hochschätzung der Kurzfassung muss im Kontext von Bodmers strikter Zurückweisung von Lektüreweisen gesehen werden, die sich nur für die »schönsten Stellen« eines Werks interessieren. Es verwundert dann auch nicht, dass Bodmers Ganzheitsästhetik in expliziter Abgrenzung von der zeitgenössischen Praxis artikuliert wird, Kurzfassungen von antiken und modernen Versepen herzustellen:

> Der Einfall, daß man die schönsten Stellen des Dante ausziehen, und in ein Werk von drey oder vier Gesängen verbinden sollte, würde uns ein Gerippe geben, wie die Ilias unter des Lamotte Sense, und das verlorne Paradies unter der Düboccage Scheere geworden sind.[107]

Wenn die Ganzheitsambitionen der Ependichtung gegen französische Versuche verteidigt werden, die *Ilias* in zwölf Gesänge zusammenzufassen oder *Paradise Lost* in sechs Gesänge zu kondensieren,[108] so bedeutet das, dass Kurzfassungen nur legitim

---

107 [Johann Jacob Bodmer]: Ueber das dreyfache Gedicht des Dante. In: Freymüthige Nachrichten von Neuen Büchern, und andern zur Gelehrtheit gehörigen Sachen, Zwanzigster Jahrgang, 1763, S. 268, Sp. 1-S. 270, Sp. 2 und S. 276, Sp. 1-S. 278, Sp. 2, hier S. 269, Sp. 2.

108 Wobei sich Bodmer nicht darum bemüht, das Anliegen und die Ausführung der kritisierten Kondensate genauer zu charakterisieren; vgl. Antoine Houdar de La Motte: L'ILIADE. POËME AVEC UN DISCOURS SUR HOMERE. *Par Monsieur* DE LA MOTTE, *De l'Academie Françoise*. A PARIS, Chez GREGOIRE DUPUIS, ruë S. Jacques, à la Fontaine

sind, wenn sie sich mit ihren subsidiären Funktionen bescheiden und auf die Erfahrbarkeit des ungekürzten Werkganzen hin funktionalisiert bleiben. Bodmer versteht es interessanterweise als Aufgabe der Literaturkritik, die knappen Inhaltsangaben nachzuliefern, wenn sie von Autorseite nicht vorgelegt werden.[109] Inwiefern den Summarien selbst ein ästhetischer Eigenwert zugeschrieben wurde, ist aufgrund der Quellenlage allerdings nur schwer zu beurteilen. Einer Schilderung Bodmers lässt sich jedenfalls entnehmen, dass die Summarien von John Miltons *Paradise Lost* den jungen Klopstock tief beeindruckten:

Nach diesem sagte ich ihm von Miltons Gedichte von dem verlohrnen Paradiese, ich übersezte ihm die kurzen Inbegriffe von jedem Buche. Alles an ihm ward zu Ohren. Er bekannte mir, daß die seltsamste Geschichte, die er noch gelesen, ihn nicht so stark eingenommen hätte, als diese flüchtigen Summarien.[110]

d'Or. *Avec Approbation, & Privilege du Roy.* [Amsterdam] 1714; [Anne-Marie Du Bocage]: LE PARADIS TERRESTRE, POËME IMITÉ DE MILTON, Par Madame D. B***. Ouvrage enrichi de Figures en taille-douce. A LONDRES M. DCC. XLVIII [Rouen 1748]. Vgl. zu den Kurzfassungen von La Motte und Du Bocage die Studien von Robin Howells: Rewriting Homer in the ›Querelle des Anciens et des Modernes‹: Dacier, La Motte, Marivaux. In: Romance Studies 9, 1991, H. 1, S. 35-51; Christophe Tournu: »*Je réduis en petit un grand et sublime tableau*«. Anne-Marie Du Bocage imitatrice de Milton dans *Le paradis terrestre*? In: François Bessire/Martine Reid (Hg.): Forma Venus, arte Minerva. Sur l'œuvre et la carrière d'Anne-Marie Du Bocage (1710-1802), Mont-Saint-Aignan 2017, S. 95-120.

109 Vgl. zur Ähnlichkeit von Romanepitomen in Zeitschriften und Romanrezensionen (die mit umfangreichen Zusammenfassungen und Zitaten aufwarten) auch Abigail Williams: The Social Life of Books. Reading Together in the Eighteenth-Century Home, New Haven und London 2017, S. 234; vgl. hier auch die interessante, leider aber nicht belegte These, dass sich die literarische Form der Kurzgeschichte (*short story*) historisch aus Romanepitomen entwickelt habe. Daran anschließend wäre zu eruieren, in welchen Kontexten mit Epitomisierungspraktiken Gattungsinnovationen einhergegangen sind.

110 [Johann Jakob Bodmer]: Neue Critische Briefe über gantz verschiedene Sachen, von verschiedenen Verfassern. Zürich, bey Conrad Orell und Comp. 1749, S. 8. Christian Friedrich Daniel Schubart hat diese Darstel-

In welcher Gattungstradition die Summarien aus Klopstocks eigener Perspektive genau standen, müsste in einer umfassenden Studie geklärt werden.[111] An erster Stelle wäre an die in Epenausgaben vorfindlichen Summarien zu denken.[112] Die von Bodmer genannten Summarien zu *Paradise Lost* finden sich dort bereits in der ersten Auflage (Abb. 8).[113]

lung zwei Jahrzehnte später in seine Klopstock-Ausgabe übernommen: Vgl. [Christian Friedrich Daniel Schubart]: Friedrich Gottlieb Klopstocks kleine poetische und prosaische Werke. Frankfurt und Leipzig, im Verlag der Neuen Buchhändler Gesellschaft. 1771, S. XI-XXXII, hier S. XIX. Die Stelle wurde später auch von Carl Friedrich Cramer übernommen: C[arl] F[riedrich] Cramer (Hg.): Klopstock. Er; und über ihn. Erster Theil. 1724-1747. Hamburg, gedr. bey G. F. Schniebes, 1780, S. 45. Vgl. auch Johann Gottfried Herder zur rhapsodischen Qualität der Klopstock'schen Summarien, wobei Herder deren rhapsodischen Charakter wohl hervorhebt, um den Gesängen diesen Charakter wieder abzusprechen; vgl. Johann Gottfried Herder: Werke in zehn Bänden. Hg. von Martin Bollacher, Jürgen Brummack, Ulrich Gaier, Gunter E. Grimm, Hans Dietrich Irmscher, Rudolf Smend und Johannes Wallmann, Bd. 1: Frühe Schriften: 1764-1772. Hg. von Ulrich Gaier, Frankfurt a. M. 1985, S. 313.

111 In der Altonaer Ausgabe von 1780 sind die Summarien nicht mehr enthalten: [Friedrich Gottlieb Klopstock]: Der Messias. Mit Allergnädigster Kaiserlicher Freyheit. Altona, Gedruckt bey Johann David Adam Eckhardt, 1780 (der Ausgabe ist dafür ein siebenseitiges Register »Zum Nachschlagen« beigefügt). Es handelt sich bei der Verknüpfung der Gesänge mit Summarien also um keine feste Textverkoppelung. Die Summarien fehlen auch in der »Göschenausgabe« der Werke Klopstocks. In der Hamburger Klopstock-Ausgabe werden sie von dem Epos separiert und finden sich im Apparat aufgeführt: Vgl. Friedrich Gottlieb Klopstock: Werke und Briefe. Historisch-kritische Ausgabe (HKA). Begründet von Adolf Beck, Karl Ludwig Schneider und Hermann Tiemann. Hg. von Horst Gronemeyer, Elisabeth Höpker-Herberg, Klaus Hurlebusch und Rose-Maria Hurlebusch, Abteilung Werke, Bd. IV, 3, Berlin und New York 1996, S. 145-161; Bd. IV, 6, Berlin und New York 1999, S. 137-138.

112 Es wäre auch an die Summarien im christlichen Schrifttum zu denken; etwa an diverse Bibel-Summarien, darunter auch Luthers Psalter-Summarien: Martin Luther (Hg.): Der Psalter mit den Summarien. D. Mart. Luth. Ein Register von vnterschied der Psalmen. Wittemberg. Gedruckt durch Hans Lufft. 1562.

113 Allerdings erst ab der Titelausgabe von 1668: John Milton: Paradise lost. A POEM IN TEN BOOKS. [...]. LONDON, Printed by S. Simmons [...],

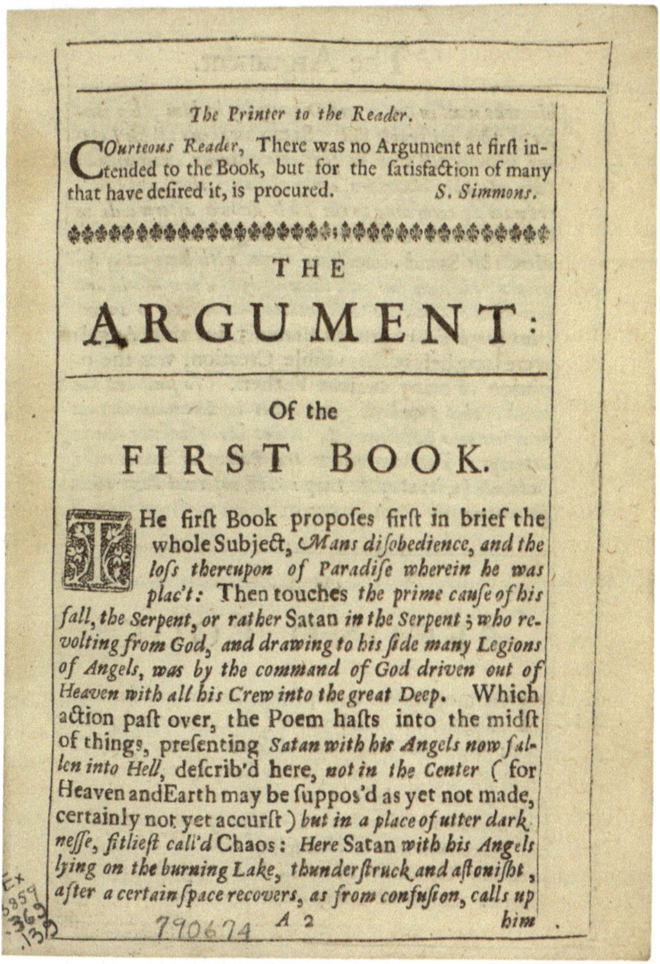

The Printer to the Reader.

COurteous *Reader*, There was no Argument at first intended to the Book, but for the satisfaction of many that have desired it, is procured.   *S. Simmons.*

THE

ARGUMENT:

Of the

FIRST BOOK.

THe first Book proposes first in brief the whole Subject, *Mans disobedience, and the loss thereupon of Paradise wherein he was plac't:* Then touches *the prime cause of his fall, the Serpent, or rather Satan in the Serpent; who revolting from God, and drawing to his side many Legions of Angels, was by the command of God driven out of Heaven with all his Crew into the great Deep.* Which action past over, the Poem hasts into the midst of things, presenting *Satan with his Angels now fallen into Hell,* describ'd here, *not in the Center (* for Heaven and Earth may be suppos'd as yet not made, certainly not yet accurst *) but in a place of utter darknesse, fitliest call'd* Chaos: *Here Satan with his Angels lying on the burning Lake, thunderstruck and astonisht, after a certain space recovers, as from confusion, calls up*

Ex 959 369 [3]

790674   A 2   *him*

Abb. 8   Milton: Paradise lost (Anm. 113), S. [3].

Bodmer selbst verzichtet in den verschiedenen Auflagen seiner Übersetzung von *Paradise Lost* auf die Hinzufügung der Summarien, obwohl sie sich in der ersten vollständigen deutschen Übersetzung des Epos durch Ernst Gottlieb von Berge von 1682 vor den einzelnen Gesängen jeweils als »Inhalt« platziert finden.[114] In seinem eigenen Versepos *Noah* integriert Bodmer die Kurzfassung des Werkganzen sogar in das Werk selbst: Sie findet sich gleich im ersten Gesang im Musenanruf, der auf genau einer Druckseite Platz findet und deshalb, wie auch Klopstocks Zusammenfassungen, auf einen Blick erfasst werden kann.[115]

Die skizzierten Einschätzungen von Hess und Bodmer sollen im Rahmen der hier vorgebrachten Argumente darauf verweisen, dass die Zeitgenossinnen und Zeitgenossen Klopstocks keinen schroffen Gegensatz zwischen größeren Werkganzheiten und Verkleinerungsformen in Stellung bringen wollten, sondern von einem produktiven Komplementaritätsverhältnis ausgingen.[116] Klopstock selbst inszenierte dieses Ergänzungsverhältnis auf

1668 (hier die vierte Titelausgabe der Erstauflage von 1667). – Vgl. dazu auch die paratexttheoretischen Hinweise in: Dennis Duncan/Adam Smyth: Introductions. In: Dies. (Hg.): Book Parts, Oxford 2019, S. 1-10, hier S. 8-9; Olin Bjork: The Heresy of Argument: Milton's Essential *Paradise Lost*. In: Milton Quarterly 52, 2018, H. 2, S. 95-112.

114 [Ernst Gottlieb von Berge]: Das Verlustigte Paradeis / Auß JOHANN MILTONS Zeit seiner Blindheit In Englischer Sprache abgefaßten unvergleichlichen Gedicht In Unser gemein Teutsch übertragen und verleget Durch E. G. V. B. In ZERBST Bey Johann Ernst Bezeln. ANNO M DC LXXXII – Ausweislich der konsultierten Exemplare enthält auch die auf Bodmers Milton-Übersetzung folgende Übersetzung von Justus Friedrich Wilhelm Zachariae die Summarien nicht.

115 Vgl. Andrea Polaschegg: Das Ganze im Fluss. Medienpoetische Überlegungen zum Verhältnis von Literatur und Ganzheit. In: Eva Geulen/Claude Haas (Hg.): Formen des Ganzen, Göttingen 2022, S. 321-341, hier S. 332. Auch die ersten Zeilen des *Messias* lassen sich als eine Zusammenfassung des Epos verstehen.

116 Zur Frage, ob die Verkleinerung auch ein Verlangen nach dem Größeren stiftet, vgl. die Hinweise bei Mary Ann Doane: Has Time Become Space? In: Liv Hausken (Hg.): Thinking Media Aesthetics. Media Studies, Film Studies and the Arts, Frankfurt a. M. 2013, S. 89-108, hier S. 99.

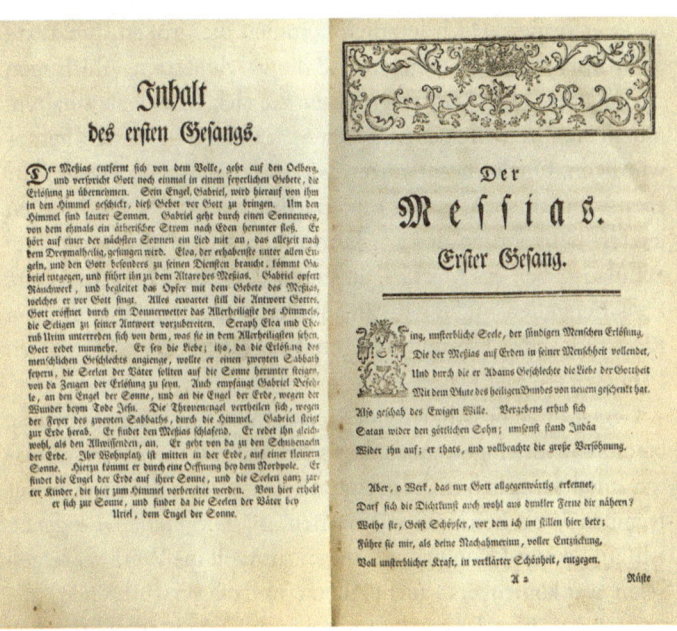

Abb. 9   [Klopstock]: Der Messias (wie Abb. 4), S. 2-3.

eindrückliche Weise mittels der buchmateriellen Einrichtung des Epos: Leserinnen und Leser, die den *Messias* aufgeschlagen in der Hand hielten, konnten den »Inhalt des ersten Gesangs« auf der linken Seite auf einen Blick gewahren; zugleich wurde ihnen aber angesonnen, sich auf der gegenüberliegenden Seite in die ersten Hexameter des ersten Gesangs zu versenken, wobei schon die Kustode in der rechten unteren Ecke der Seite (»Rüste«) markierte, dass sich der weitere Fortgang des Gesangs nicht dem kurz zuvor evozierten synoptischen Begehren assimilieren lassen würde (Abb. 9).

Genau diese textkulturelle Komplementarität – die Verknüpfung von kürzenden und komprimierenden Verknappungsformen mit anderen Formen innerhalb eines größeren Gefüges von Textumgangspraktiken – übersehen sowohl die anfangs erwähnten pädagogischen Diskussionen über ungekürzte Ganztexte als auch die in der modernen Ästhetik so einflussreich formulierten grundsätzlichen Vorbehalte gegen zusammenfassende Verkleinerungsformen. Doch letztlich kommen die großen Ganztexte nicht ohne Verkleinerungen wie die geschilderten »flüchtigen Summarien« aus. Dafür versuchen sie sich schadlos zu halten, indem sie ihre Miniaturisierungen zu minderen Texten herabwürdigen. Obgleich entwertet, verrichten diese aber weiter ihr ebenso unscheinbares wie unverzichtbares Werk. Noch in den letzten Jahrzehnten des 19. Jahrhunderts erscheinen gekürzte Schulausgaben des *Messias*, die eine Übersicht über das gesamte Epos herstellen, indem sie anstelle einzelner Gesänge die von Klopstock selbst formulierten Inhaltsangaben erneut abdrucken (Abb. 10).

Gegen diese prosifizierende Komprimierungsstrategie wurde bereits damals eingewendet, dass selbst die von Klopstock verfassten Inhaltsangaben nicht geeignet seien, »den Schüler in dieser fremden Welt heimisch zu machen«.[117] Die Frage, wie genau Kürzungen und Komprimierungen sinnvoll ins Werk zu setzen seien, war kontrovers – nicht zuletzt, weil die verschiedenen Antworten auf diese Frage alle unausweichlich von poetologischen und ästhetischen Grundannahmen darüber getragen waren, was an dem Epos verzichtbar und was unabkömmlich sei.[118] Einigkeit bestand aber in zwei Hinsichten: erstens, dass »Klopstocks Messias in den höheren Schulen in irgend einer Weise behandelt werden müsse«; und zweitens, dass im Unterricht »nur *Stücke* davon Lektüre werden können«.[119] Daran anschließend kann es heute nicht darum gehen, ob die damaligen Kürzungsvorschläge noch überzeugen: Das tun sie häufig nicht. Es geht vielmehr

117 Friedrich Gottlieb Klopstock: Der Messias. Im Auszug als Schulausgabe mit Einleitungen und Anmerkungen herausgegeben von Dr. O.[tto] Frick, Berlin 1886, S. VIII.
118 Vgl. etwa die Argumentation ebd., S. V: »Ausgeschieden wurden: 1. die Aufzählungen und Ausführungen katalogischer Art […]; 2. die seltsamen, zum Teil gesuchten Abschnitte, welche von der eigentlichen Handlung abseits liegende Punkte des evangelischen Berichts in breiten und ermüdenden Wiederholungen ausspinnen […]; 3. die langen Paraphrasen der biblischen Reden des Heilands […]; 4. die weitläufigen dogmatischen Reflexionen, Gebete und lyrischen Ergüsse, mit welchen der Dichter die Handlung zu unterbrechen liebt […].«
119 Ebd., S. III.

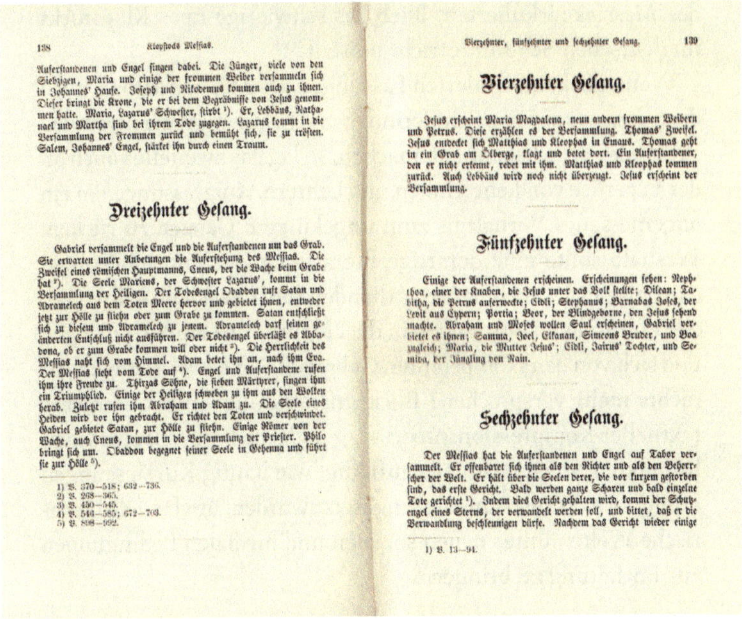

138 Klopstocks Messias.

Auferstandenen und Engel singen dabei. Die Jünger, viele von den Siebzigen, Maria und einige der frommen Weiber versammeln sich in Johannes' Hause. Joseph und Nikodemus kommen auch zu ihnen. Dieser bringt die Krone, die er bei dem Begräbnisse von Jesus genommen hatte. Maria, Lazarus' Schwester, stirbt [1]). Er, Lebbäus, Nathanael und Martha sind bei ihrem Tode zugegen. Lazarus kommt in die Versammlung der Frommen zurück und bemüht sich, sie zu trösten. Salem, Johannes' Engel, stärket ihn durch einen Traum.

Dreizehnter Gesang.

Gabriel versammelt die Engel und die Auferstandenen um das Grab. Sie erwarten unter Anbetungen die Auferstehung des Messias. Die Zweifel eines römischen Hauptmanns, Eneus, der die Wache beim Grabe hat [2]). Die Seele Mariens, der Schwester Lazarus', kommt in die Versammlung der Heiligen. Der Todesengel Obaddon ruft Satan und Adramelech aus dem Toten Meere hervor und gebietet ihnen, entweder jetzt zur Hölle zu fliehn oder zum Grabe zu kommen. Satan entschließt sich zu diesem und Adramelech zu jenem. Adramelech darf seinen geänderten Entschluß nicht ausführen. Der Todesengel überläßt es Abbadona, ob er zum Grabe kommen will oder nicht [3]). Die Herrlichkeit des Messias naht sich vom Himmel. Adam betet ihn an, nach ihm Eva. Der Messias steht vom Tode auf [4]). Engel und Auferstandene rufen ihm ihre Freude zu. Thirzas Söhne, die sieben Märtyrer, singen ihm ein Triumphlied. Einige der Heiligen schweben zu ihm aus den Wolken herab. Zuletzt rufen ihm Abraham und Adam zu. Die Seele eines Heiden wird vor ihn gebracht. Er richtet den Toten und verschwindet. Gabriel gebietet Satan, zur Hölle zu fliehn. Einige Römer von der Wache, auch Eneus, kommen in die Versammlung der Priester. Philo bringt sich um. Obaddon begegnet seiner Seele in Gehenna und führt sie zur Hölle [5]).

1) V. 370–518; 632–736.
2) V. 268–365.
3) V. 450–545.
4) V. 546–585; 672–703.
5) V. 808–992.

Vierzehnter, fünfzehnter und sechzehnter Gesang. 139

Vierzehnter Gesang.

Jesus erscheint Maria Magdalena, neun andern frommen Weibern und Petrus. Diese erzählen es der Versammlung. Thomas' Zweifel. Jesus entdecket sich Matthias und Kleophas in Emaus. Thomas geht in ein Grab am Ölberge, klagt und betet dort. Ein Auferstandener, den er nicht erkennt, redet mit ihm. Matthias und Kleophas kommen zurück. Auch Lebbäus wird noch nicht überzeugt. Jesus erscheint der Versammlung.

Fünfzehnter Gesang.

Einige der Auferstandenen erscheinen. Erscheinungen sehen: Nephthoa, einer der Knaben, die Jesus unter das Volk stellte; Dilean; Tabitha, die Petrus auferweckte; Cidli; Stephanus; Barnabas Joses, der Levit aus Cypern; Portia; Beor, der Blindgeborne, den Jesus sehend machte. Abraham und Moses wollen Saul erscheinen, Gabriel verbietet es ihnen; Samma, Joel, Elkanan, Simeons Bruder, und Boa zugleich; Maria, die Mutter Jesus'; Cidli, Jairus' Tochter, und Semida, der Jüngling von Nain.

Sechzehnter Gesang.

Der Messias hat die Auferstandenen und Engel auf Tabor versammelt. Er offenbaret sich ihnen als den Richter und als den Beherrscher der Welt. Er hält über die Seelen derer, die vor kurzem gestorben sind, das erste Gericht. Bald werden ganze Scharen und bald einzelne Tote gerichtet [1]). Indem dies Gericht gehalten wird, kommt der Schutzengel eines Sterns, der verwandelt werden soll, und bittet, daß er die Verwandlung beschleunigen dürfe. Nachdem das Gericht wieder einige

1) V. 13–94.

Abb. 10 Friedrich Gottlieb Klopstock: Klopstocks Messias in ausgewählten Stücken. Von Dr. Richard Weitbrecht. Klassische deutsche Dichtungen mit kurzen Erklärungen für Schule und Haus. Vierter Teil. Gotha. Friedrich Andreas Perthes. 1885, S. 138-139.

darum, sich zu vergegenwärtigen, dass Formen des Kürzens und Komprimierens damals für unabdinglich gehalten wurden, um das Epos in der Schule und damit in der kulturellen Überlieferung überhaupt gegenwärtig zu halten.[120] Solange die Kurzfassungen

120 Vgl. etwa die Kurzfassungen des *Messias,* die in den in vielfachen Auflagen vertriebenen Reihen *Aschendorffs Ausgaben für den deutschen Unterricht* bzw. *Aschendorffs Sammlung auserlesener Werke der Literatur, Denkmäler der Älteren deutschen Literatur für den literaturgeschichtlichen Unterricht an höheren Lehranstalten* oder *Schöninghs Ausgaben deutscher Klassiker* erscheinen: Friedrich Gottlieb Klopstock: Messias und Oden. Mit einem Anhang. Für Schule und Haus herausgegeben von Dr. Paul Verres, Münster i. W. ^{4}1921, S. 17-91; Friedrich Gottlieb Klopstock: Messias und Oden. Ausgewählt und erläutert von Prof. Dr. Karl Kinzel, Halle a. d. S. $^{8, 9}$1921, S. 28-70;

des *Messias* zirkulierten, blieb das schwierige Epos Klopstocks im deutschen Schulunterricht präsent.[121]

Wenn die komprimierten Fassungen des *Messias* damals noch dazu dienen konnten, Schülerinnen und Schüler mit der »fremden Welt« des Epos bekannt zu machen, so lag das zweifellos auch an der Expertise von Lehrerinnen und Lehrern, Kurzfassungen in ein angemessenes Verhältnis zum ungekürzten Ganzen zu rücken. Weshalb sollte eine derartige literarische Dekomprimierungs-expertise nicht auch heute vorhanden sein? Weshalb sollte man alle kulturellen Hoffnungen in die Lektüre von Ganztexten legen und sich von dem kompetenten Gebrauch von Kurzfassungen gar nichts mehr versprechen? Blickt man auf die lange Geschichte textueller Kompressionsprozesse, gerade auch in pädagogischen Kontexten, so ist jedenfalls auffällig, wie häufig Kurzfassungen erfolgreich als Instrumente eingesetzt wurden, um fremde litera-rische Welten unter neuen sozialen und medialen Bedingungen zur Entfaltung zu bringen.

Friedrich Gottlieb Klopstock: Ausgewählte Oden und Elegien nebst einigen Bruchstücken aus dem Messias. Mit erklärenden Anmerkungen und einer Lebensbeschreibung des Dichters. Hg. von Dr. Bernh[ard] Werneke, Neunte Auflage hg. von Valentin Reichert, Paderborn 1920, S. 222-253.

121 Vgl. Gerhard Burkhardt/Heinz Nicolai: Klopstock-Bibliographie, Redaktion: Helmut Riege unter Mitarbeit von Hartmut Hitzer und Klaus Schröter (HKA [Anm. 111], Abteilung Addenda, Bd. I), Berlin und New York 1975, S. 310-314.

Kulturen der Kompression

Der Ausgangspunkt der vorangehenden Überlegungen war der aktuelle Diskurs über den Gebrauch von Ganztexten im Deutschunterricht: »Im Deutschunterricht werden schon seit Langem kaum noch Ganztexte gelesen. Die Schüler werden mit Auszügen aus literarischen Texten konfrontiert. Das lädt nicht zum Lesen ein.«[122] Man muss nicht auf die Epoche um 1800 zurückblicken, um festzustellen, dass die Alternative von »Ganztexten« und »Auszügen« die Realität der schulischen Textumgangsformen nur partiell trifft. Heute sind selbst dort, wo Ganzschriften auf dem Lehrplan stehen, die für den schulischen Gebrauch vertriebenen Erläuterungshefte und Lektüreschlüssel essentieller Bestandteil der schulischen Lesepraxis: Inhaltszusammenfassungen der im Unterricht behandelten Werke kommt eine wichtige Rolle zu.[123] Wobei der Rückgriff auf die in den Lektürehilfen angebotenen Kurzfassungen wohl manchmal die Lektüre der Ganzschrift ersetzt: »Kaum jemand hatte Lust, die Literaturklassiker wirklich zu lesen, die meisten schummelten sich mit Reclam-Kurzfassungen durch.«[124] Der Rückblick auf frühere Zeiten vermag allerdings zu zeigen, dass die Frage, wie mit umfangreichen anspruchsvollen

122 Heike Schmoll: Deutschverdrossenheit. In: Frankfurter Allgemeine Zeitung, 31. 10. 2023, S. 1.
123 Vgl. Sebastian Susteck: Höheres Lesen. Die praktisch-performative Logik von Literaturwissenschaft und -didaktik in schulischen Lektürehilfen zu Friedrich Schillers Drama *Wilhelm Tell* (1894 bis 2011). In: Ders. (Hg.): Erschriebene Kultur. Schulische Lektürehilfen zwischen Literaturwissenschaft, Didaktik und Empirie, Bad Heilbrunn 2020, S. 65-99.
124 Max Fellmann: Danke, reicht schon! Warum sind im Internet derzeit Mini-Zusammenfassungen von Hollywood-Filmen so erfolgreich? In: Süddeutsche Zeitung Magazin, 2023, H. 1, 5. 1. 2023, S. 20-21, hier S. 21. Vgl. zum didaktischen Problem des Schummelns auch Otis McBride: The Problem of Condensed Books. In: Peabody Journal of Education 44, 1966, H. 3, S. 132-135.

Werken innerhalb und außerhalb von Bildungsinstitutionen umzugehen sei, weit über die aktuellen Bildungsdebatten hinausreicht.

Schon um 1800 stellt man sich die Frage, ob die Lektüre eines umfangreichen Versepos wie Friedrich Gottlieb Klopstocks *Messias* als Ganztext empfohlen werden könnte. Gotthold Ephraim Lessing war skeptisch: »Wer wird nicht einen Klopstock loben? / Doch lesen sollt ihn jeder? Nein.«[125] Lessing formuliert anhand des deutschen Dichters eine Beobachtung, die sich ähnlich bereits bei Samuel Johnson findet. Dieser hatte bei dem großen Versepos Miltons, das Klopstock als Vorbild diente, ebenfalls eine drastische Diskrepanz zwischen Bewunderungsäußerung und Lektüreinteresse festgestellt: »*Paradise Lost* is one of the books which the reader admires and lays down, and forgets to take up again. None ever wished it longer than it is.«[126] Wie kann man aber für ein Werk, dessen Größe ebenso Bewunderung abnötigt wie Leselust gar nicht erst aufkommen lässt, trotzdem ein Publikum finden? Zweifellos sind Kurzfassungen dafür das kulturelle Mittel der Wahl, wie auch die diversen Kurzfassungen von Miltons *Paradise Lost* veranschaulichen, die seit der Publikation des Epos veröffentlicht wurden.[127]

125 Gotthold Ephraim Lessing: Die Sinngedichte an den Leser. In: Ders.: Werke und Briefe in zwölf Bänden, Bd. 2: Werke 1751-1753. Hg. von Jürgen Stenzel, Frankfurt a. M. 1998, S. 635, vgl. auch S. 1237-1238.

126 Samuel Johnson: The Lives of the Most Eminent English Poets; With Critical Observations on Their Works [1779-1781]. Hg. von Roger Lonsdale, 4 Bde., Bd. 1, Oxford 2006, S. 290. Vgl. zu diesem Satz die Abwägung alternativer Deutungen bei Stephen Fix: Johnson and the »Duty« of Reading *Paradise Lost*. In: ELH 52, 1985, H. 3, S. 649-671. Eine Variante dieses Topos findet sich später bei Edgar Allan Poe: The Poetic Principle. In: Ders.: Poetry, Tales, and Selected Essays, New York 1996, S. 1431-1454, hier S. 1431: »[M]any […] have found difficulty in reconciling the critical dictum that the ›Paradise Lost‹ is to be devoutly admired throughout, with the absolute impossibility of maintaining for it, during perusal, the amount of enthusiasm which that critical dictum would demand.«

127 Vgl. Luisa Calè: Fuseli's Milton Gallery. ›Turning Readers into Spectators‹, Oxford und New York 2006, S. 78-96; Snead: The Work of Abridgements (Anm. 65), S. 82-85.

Wie die Fallstudie zu Klopstocks *Messias* zeigt, wird das Problem, ob man umfangreichere literarische Werke überhaupt kürzen und komprimieren darf, besonders intensiv diskutiert, wenn es um die ›hohe‹ Gattung des Versepos geht.[128] Das sollte aber nicht davon ablenken, dass der Einfluss von Kurzfassungen in anderen Gattungsbereichen nicht minder nachdrücklich ist.[129] Wie bereits angedeutet, verdanken viele umfangreiche Romane des 18. Jahrhunderts wie diejenigen Richardsons, Defoes oder Swifts ihren Erfolg der Zirkulation in Kurzfassungen.[130] Die Kurzfassungen akzentuieren bestimmte Eigenschaften der Ausgangswerke: Sie tendieren zu einer Fokussierung der Erzählung auf die Entwicklung der Hauptfigur und beeinflussen somit das interne Formrepertoire des Romans.[131] Auch werden in den gekürzten Versionen nicht selten irritierende Elemente abgeschwächt oder ausgeschieden: Der phänomenale Erfolg von *Gulliver's Travels* ist nicht ohne Kurzfassungen denkbar, die die zutiefst misanthropischen Aspekte des Romans merklich abmildern und Swift auf diese Weise zu einem menschenfreundlichen Satiriker machen.[132] Ein anderes Beispiel sind die Akzentuierungen, die

---

128 Vgl. Chloe Wheatley: Epic, Epitome, and the Early Modern Historical Imagination, Farnham und Burlington 2011.

129 Für das Drama vgl. Laura Estill: Dramatic Extracts in Seventeenth-Century English Manuscripts: Watching, Reading, Changing Plays, Newark 2015. Vgl. für die Lyrik Casie LeGette: Cutting Lyric Down to Size: Victorian Anthologies and the Excerpt as Poem. In: Genre 50, 2017, H. 3, S. 397-419; Tom Mole: What the Victorians Made of Romanticism. Material Artifacts, Cultural Practices, and Reception History, Princeton und Oxford 2017, S. 195-224.

130 Vgl. Suarez: In Good Company (Anm. 51), S. 156-157; Michael F. Suarez, S. J.: Business of Fiction. Novel Publishing, 1695-1774. In: J. A. Downie (Hg.): The Oxford Handbook of the Eighteenth-Century Novel, Oxford 2016, S. 22-38, hier S. 32-34; O'Malley: Poaching on Crusoe's Island (Anm. 49); Julian Fung: Early Condensations of *Gulliver's Travels*: Images of Swift as Satirist in the 1720s. In: Studies in Philology 114, 2017, H. 2, S. 395-425.

131 Vgl. Leah Orr: From Pícaro to Pirate: Afterlives of the Picaresque in Early Eighteenth-Century Fiction. In: Daniel Cook/Nicholas Seager (Hg.): The Afterlives of Eighteenth-Century Fiction, Cambridge 2015, S. 72-90.

132 Vgl. Fung: Early Condensations of *Gulliver's Travels* (Anm. 130).

der ›roman libertin‹ des 18. Jahrhunderts in den gekürzten und komprimierten Fassungen des 19. und 20. Jahrhunderts erfährt: Hier sind die geschlechterpolitischen und sozialkritischen Passagen herausgekürzt, womit die Werke gleichsam nachträglich ›pornografisiert‹ werden.[133] Die Kurzfassungen von Romanen prägen nicht nur langfristig die Wirkungsgeschichte und die populärkulturelle Vermittlung dieser Werke – indem sie bestimmte Gattungsaspekte von literarischen Werken betonen und andere herauskürzen, leisten sie auch einen relevanten Beitrag zur Schärfung von Gattungsprofilen in einem übergreifenden literarischen Gattungssystem.[134]

Auch im Bereich der Gelehrsamkeit beeinflussen Kurzfassungen die Rezeption eines Werks: John Lockes Epoche machender *Essay Concerning Human Understanding* wird im 18. Jahrhundert auf dem Weg einer Vielzahl von englischen und fremdsprachigen, mitunter in vielfachen Auflagen erscheinenden Kurzfassungen rezipiert.[135] David Humes umfangreicher *Treatise of Human Nature* zirkuliert auch in einem anonym publizierten, mutmaßlich von ihm selbst verfassten *Abstract*.[136] Jean-Philippe Rameaus Kompositionstheorie findet vor allem durch die kondensierte Fassung von Jean Le Rond d'Alembert ein großes Publikum.[137] Auch Hugh Blairs *Lectures on Rheto-*

---

133 Vgl. Kathleen Lubey: What Pornography Knows. Sex and Social Protest since the Eighteenth Century, Stanford 2022, S. 104-106, S. 131-135 und S. 173-183.

134 Vgl. ebd., S. 26.

135 Vgl. H. O. Christophersen: A bibliographical introduction to the study of John Locke, Oslo 1930, S. 28-29, S. 95-96 und S. 98-99.

136 Vgl. dazu [David Hume]: AN ABSTRACT OF A BOOK lately PUBLISHED; ENTITULED, A TREATISE OF *Human Nature*, &c. WHEREIN The CHIEF ARGUMENT of that BOOK is farther ILLUSTRATED AND EXPLAINED [1740]. In: Ders.: A Treatise of Human Nature. A Critical Edition. Hg. von David Fate Norton und Mary J. Norton, 2 Bde., Bd. 1, Oxford 2007, S. 403-417, vgl. auch Bd. 2, S. 459-471.

137 Vgl. Dörte Schmidt: Übersetzung als kulturelle Transformation. D'Alemberts *Elémens de Musique* in Deutschland und England. In: Dies. (Hg.): Musiktheoretisches Denken und kultureller Kontext, Schliengen 2005, S. 107-132.

ric and Belles Lettres gewinnen erst durch Kurzfassungen eine nachhaltige transatlantische Resonanz.[138] Karl Marx beteiligt sich an der Herstellung der zweiten Auflage der Kurzfassung *Kapital und Arbeit. Ein populärer Auszug* und unterstützt damit Johann Mosts Bemühungen um die Popularisierung von *Das Kapital*.[139] William James verfasst von seinem umfangreichen zweibändigen Werk über *The Principles of Psychology* eine unter dem Titel *Psychology: Briefer Course* firmierende Kurzfassung, von der in den ersten zehn Jahren fast 50.000 Exemplare abgesetzt werden.[140] Und die enorme Popularität von Friedrich Hayeks einflussreichem politischen Traktat *The Road to Serfdom* ist undenkbar ohne die staunenswerte Verbreitung der Kurzfassung, die 1945 in dem US-amerikanischen Magazin *The Reader's Digest* erscheint und binnen kürzester Zeit ein Millionenpublikum erreicht.[141]

Die genannten Kurzfassungen gehören auch zur langen und weitverzweigten Vorgeschichte von global erfolgreichen Formaten wie *Reader's Digest*.[142] Der sagenhafte Erfolg des 1922

138 Vgl. Stephen L. Carr: The Circulation of Blair's *Lectures*. In: Rhetoric Society Quarterly 32, 2002, H. 4, S. 75-104. Linda Ferreira-Buckley und S. Michael Halloran heben hervor, dass der tentative Gestus der Unterredungen der *Lectures* in den Kurzfassungen nicht selten einen apodiktischen Charakter gewinnt, vgl. Linda Ferreira-Buckley/S. Michael Halloran: Editors' Introduction. In: Hugh Blair: Lectures on Rhetoric and Belles Lettres [1785]. Hg. von dens., Carbondale 2005, S. XV-LIV, hier S. XVII.

139 Johann Most: Kapital und Arbeit. Ein populärer Auszug aus »Das Kapital« von Karl Marx, Chemnitz ²[1873]. Vgl. Rolf Hecker: Die Popularisierung des »Kapitals« durch Johann Most. In: IWK: Internationale wissenschaftliche Korrespondenz zur Geschichte der deutschen Arbeiterbewegung 41, 2005, H. 1-2, S. 115-125.

140 Vgl. Michael M. Sokal: Introduction. In: William James: Psychology: Briefer Course [1892]. Hg. von Frederick H. Burkhardt, Fredson Bowers und Ignas K. Skrupskelis (The Works of William James, Bd. 12), Cambridge, Mass. und London 1984, S. XI-XLI, hier S. XII.

141 Vgl. F. A. Hayek: The Road to Serfdom [1944]. Text and Documents. The Definitive Edition. Hg. von Bruce Caldwell, Chicago 2007, S. 22.

142 So stellt sich die Frage, ob nicht bereits antike Kurzfassungen literarischer Werke, etwa diejenigen antiker Dramenwerke, als ›Reader's Digest‹ aufgefasst wurden: Monique van Rossum-Steenbeek: Greek

aus der Taufe gehobenen Magazins sorgt im 20. Jahrhundert
für eine neue Welle von Kürzungsprojekten und prägt über
viele Dekaden die Vorstellung davon, was Kurzfassungen sind
und leisten können.[143] Zusätzlich zu dem Magazin gründet das
gleichnamige Unternehmen 1950 den »Reader's Digest Condensed Book Club«, der den Abonnierenden des *Reader's Digest*-
Magazins erlaubt, gebundene Bücher über den Direktvertrieb
zu beziehen. Die Abonnierenden erhalten vier bis sechs Bücher
im Jahr, wobei jeder der etwa 600 Seiten umfassenden Bände
drei bis sechs Kurzfassungen fiktionaler und nicht-fiktionaler
Werke enthält. In seiner Blütezeit in den 1970er-Jahren beein-
druckt der Buchclub mit rund zehn Millionen Abonnements. In
Deutschland erscheint die Buchreihe unter dem Titel *Reader's
Digest Auswahlbücher (Das Beste)* beim deutschen Ableger
»Das Beste GmbH«.[144] Die Abonnierenden dieser Reihe sind
typischerweise Lesende, die keine Buchrezensionen rezipieren,
keine Buchhandlungen besuchen und auch sonst kaum Bücher
kaufen.[145] Dieses Lesepublikum findet in den in Kunstleder ein-
gebundenen Büchern der Reihe gekürzte Fassungen der Werke

Readers' Digests? Studies on a Selection of Subliterary Papyri,
Leiden, New York und Köln 1998, S. 157-163. Vgl. Jost Eickmeyer:
Ein ›Reader's Digest‹ für Tugendfreunde? Präsentationsformen mo-
ralischen Schrifttums in publizistischen Auswahlsammlungen des
18. Jahrhunderts. In: Misia Sophia Doms/Bernhard Walcher (Hg.):
Periodische Erziehung des Menschengeschlechts. Moralische Wo-
chenschriften im deutschsprachigen Raum, Bern u. a. 2012, S. 447-479.

143 Vgl. Kenneth Cmiel/John Durham Peters: Promiscuous Knowledge.
Information, Image, and Other Truth Games in History, Chicago und
London 2020, S. 107.

144 »Das Beste« publizierte unter anderem in sechs handlichen Bänden und
auf knapp 2.000 Seiten *Das Erbe deutscher Dichtung*, eine von Benno
von Wiese verantwortete Sammlung von z. T. gekürzten Auszügen aus
der deutschen Lyrik und Prosa (auf einen Teilabdruck des *Messias* wird
allerdings verzichtet). Vgl. Benno von Wiese (Hg.): Das Erbe deutscher
Dichtung. Von Martin Luther bis Thomas Mann, 6 Bde., Stuttgart,
Zürich und Wien 1965.

145 Vgl. Evert Volkersz: McBook: The Reader's Digest Condensed Books
Franchise. In: Publishing Research Quarterly 11, 1995, H. 2, S. 52-61,
hier S. 58.

von Autorinnen und Autoren wie Mary Higgins Clark, James Michener, Ken Follett und John Grisham.[146] Die Fokussierung auf derartige »Middlebrow«-Literatur mag mitverantwortlich dafür gewesen sein, dass die Bände regelmäßig als »McBook« und »Big Mac« charakterisiert wurden – mithin als intellektuelles »fast food« und »leichte Kost in mundgerechten Happen«, die zuvor in einer »Worthäckselfabrik« angerichtet worden seien.[147] Es gibt nur wenige Zeugnisse über den arbeitsteiligen und mehrstufig organisierten Kürzungsvorgang in der »Worthäckselfabrik«:

> Bevor ein Text [...] um dreißig bis fünfzig Prozent seines ursprünglichen Umfanges geschrumpft ist, hat er verschiedene Stationen eines arbeitsteiligen Prozesses passiert. Da ist zunächst der »first cut«. Zeile um Zeile wird hier durchgegangen, was entbehrlich scheint. [...] Wirklich unnötig? Das festzustellen ist Sache des »check cutters«. Er prüft, ob wesentliche Dinge auf der Strecke geblieben sind, ob die innere Logik und das Zeitgefüge noch funktionieren. Letzte Instanz in der Kürzerwerkstatt ist das so genannte »fresh eye«. [...]

146 Vgl. Richard Junger: The Reader's Digest. In: Tim Lanzendörfer (Hg.): The Routledge Companion to the British and North American Literary Magazine, London und New York 2022, S. 325-334, hier S. 332. Vgl. auch Corinna Norrick-Rühl: Contracts, Clauses, Controversy: John Hersey, Alfred A. Knopf, Inc. and *Reader's Digest Condensed Books*. In: Symbolism 21, 2021, S. 35-54.

147 Volkersz: McBook (Anm. 145); Clive Bloom: MacDonald's [sic] Man meets *Reader's Digest*. In: Gary Day (Hg.): Readings in Popular Culture. Trivial Pursuits? New York 1990, S. 13-17, hier S. 15; Ariel Dorfman: The Infantilization of the Adult Reader. In: Ders.: The Empire's Old Clothes: What the Lone Ranger, Babar, and Other Innocent Heroes Do to Our Minds, Durham und London 2010, S. 117-153, hier S. 133; Stefan Kister: Vier Romane in einem Band. Bei Reader's Digest werden Schmöker entschlackt – von allem, außer einer gut durchlaufenden Handlung. In: Stuttgarter Zeitung, 13.9.2003, Wochenendbeilage, S. 3; [Anonym]: Bleibende Werte: Reader's Digest. In: Der Spiegel 21, 1966, S. 129-132, hier S. 130. – Gekürzte Hörbuchfassungen von »Middlebrow«-Literatur wurden entsprechend als »Kentucky Fried literature« charakterisiert, vgl. Matthew Rubery: The Untold Story of the Talking Book, Cambridge, Mass. und London 2016, S. 238.

[E]in unbefangener Testleser, der möglichst ohne Kenntnis des Originals darüber zu befinden hat, ob das Konzentrat als in sich stimmiger, lesenswerter Roman durchgehen kann. Etwa acht Wochen dauert der gesamte Vorgang.[148]

Der dreistufige Arbeitsvorgang zielt auf Kurzfassungen, die ›stimmig‹ sind, denen man die Streichungen also nicht ansieht: Propagiert wird nicht nur das handwerklich gelungene Kürzen, sondern auch eine eigene Ästhetik der Kürzung, die eine möglichst glatte und widerstandslose Lektüreerfahrung ermöglicht.[149] Die kritische Frage, ob der mehrstufige Prozess der Kondensierung nicht dazu führt, dass als ›unstimmig‹ empfundene ästhetische Eigenschaften des Ausgangswerks vollständig verdampfen, geht an der Sache vorbei – schließlich hat sich die Vorauswahl der zu kürzenden Werke schon auf eine literarische Ästhetik der Stimmigkeit festgelegt. Eine ganz ähnliche Ästhetik muss Stefan Zweig vorgeschwebt haben, als er sich gewissermaßen als *Reader's Digest*-Redaktor der gesamten Weltliteraturgeschichte von der Antike bis in die Gegenwart empfahl:

Neun Zehntel aller Bücher [...] finde ich mit überflüssigen Schilderungen, geschwätzigen Dialogen und unnötigen Nebenfiguren zu sehr ins Breite gedehnt und darum zu wenig spannend, zu wenig dynamisch. Selbst bei den berühmtesten klassischen Meisterwerken stören mich die vielen sandigen und schleppenden Stellen, und oft habe ich Verlegern den kühnen Plan entwickelt, einmal in einer übersichtlichen Serie die ganze Weltliteratur von Homer über Balzac und Dostojewskij bis zum ›Zauberberg‹ mit gründlicher Kürzung des individuell Überflüssigen herauszugeben, dann könnten alle diese Werke, die zweifellos überzeitlichen Gehalt haben, erneut lebendig in unserer Zeit wirken.[150]

148 Kister: Vier Romane in einem Band (Anm. 147).
149 Vgl. Volkersz: McBook (Anm. 145), S. 58.
150 Stefan Zweig: Die Welt von Gestern. Erinnerungen eines Europäers [1942], Frankfurt a. M. 2017, S. 329. Bezeichnenderweise hat Zweig

Wären die Verantwortlichen des *Reader's Digest Condensed Book Club* oder Stefan Zweig vielleicht sogar auf die Idee gekommen, eine kondensierte Fassung eines so wenig ›stimmigen‹ Klassikers der modernen Literatur wie *Finnegans Wake* herzustellen? Könnte hier eine »gründliche[] Kürzung« dafür sorgen, dass das Spätwerk von James Joyce »lebendig in unserer Zeit« zu wirken vermag? Der britische Schriftsteller Anthony Burgess war dieser Auffassung und hat tatsächlich eine Kurzfassung des monumentalen Werks erstellt. *Finnegans Wake* sei »admired more often than read«, so variiert Burgess den bereits von Johnson und Lessing bekannten kritischen Topos der Asymmetrie von Bewunderung und Lektüre, weshalb es das Werk auf »the length of an ordinary novel« zu kürzen gelte.[151] So könnte es endlich das wohlverdiente Lesepublikum finden.[152] Sicherlich sind Zweifel angebracht, ob die Zugangsschwierigkeit zu diesem radikal spracherfinderischen Werk wirklich in erster Linie dem Umfang geschuldet ist.[153]

Aber Umfangsfragen spielen gleichwohl eine Rolle, wenn man auf eine Popularisierung der Klassikerlektüre abzielt. Gérard Genette hat nicht nur in theoretischen Schriften den Status von Kurzfassungen theoretisch zu bestimmen versucht, sondern für das größere Lesepublikum eine Kurzfassung des 5.000 Seiten

diese Position auch gegenüber eigenen Werken eingenommen: So hat er seinen französischen Übersetzer ausdrücklich angewiesen, bei den Übersetzungen seiner Werke Kürzungen vorzunehmen. Vgl. dazu Anne Elise Delatte: Alzir Hella, la voix française de Stefan Zweig. In: Régine Battiston/Klemens Renoldner (Hg.): »Ich liebte Frankreich wie eine zweite Heimat.« Neue Studien zu Stefan Zweig. / »J'aimais la France comme ma seconde patrie.« Actualité(s) de Stefan Zweig, Würzburg 2011, S. 239-255, hier S. 247-248.

151 James Joyce: A Shorter Finnegans Wake. Hg. von Anthony Burgess, London 1966, S. 5.

152 Der berühmte ›Generalschlüssel‹ zu *Finnegans Wake* enthält ebenfalls eine Synopse der Handlung; vgl. Joseph Campbell und Henry Morton Robinson: A Skeleton Key to *Finnegans Wake* [1947], London 1959, S. 22-28.

153 Vgl. Bernard Benstock: A Shorter Finnegans Wake [Rez.]. In: James Joyce Quarterly 4, 1967, H. 2, S. 137-139, hier S. 137.

langen Romans *L'Astrée* von Honoré d'Urfé hergestellt.[154] Zuletzt hat der Literaturwissenschaftler und Kulturtheoretiker John Carey eine um zwei Drittel gekürzte Fassung von *Paradise Lost* veröffentlicht, weil auch er den Umfang des Epos als eines der Haupthindernisse für eine breitere Rezeption in der Gegenwart wahrnimmt:

> A […] reason for the poem's neglect, I believe, is its length. Its twelve books total over 11,500 lines. Embarking on that seems a formidable undertaking, particularly at a time when narrative poems are not part of our habitual reading.[155]

Carey bedient sich in seiner Kurzfassung derselben textuellen Doppelstrategie, die wir bereits von den Kürzungen des *Messias* kennen: Einerseits werden längere Passagen des Originals gestrichen, andererseits die dadurch entstehenden Lücken durch knappe Prosazusammenfassungen des Herausgebers ausbalanciert.[156] Careys *The Essential ›Paradise Lost‹* treibt eine partizipatorische Motivation an: Er möchte die Eintrittsschwelle für die Befassung mit dem Epos so weit wie möglich senken. Es überrascht nicht, dass dagegen eingewandt wurde, im Bereich der literarischen Kultur könne es keine Abkürzungen (»shortcuts«) mittels Kürzungen geben.[157] Es gebe einfach keine philologische Hintertreppe zum literarischen Kanon: Ganz oder gar nicht lesen, lautet dann die strikte Devise.

Die Vorstellung, dass gerade die Klassiker in kondensierten Fassungen besser zugänglich werden, ist aber kein seltsamer Einfall eines verschrobenen britischen Schriftstellers oder eines demokratisch motivierten Milton-Philologen, sondern mittler-

---

154 Vgl. Honoré d'Urfé: L'Astrée. Hg. von Gérard Genette. Paris 1964. Vgl. auch die neue Auflage Honoré d'Urfé: L'Astrée. Roman. Hg. von Gérard Genette. Paris 2016.

155 John Carey: The Essential *Paradise Lost*, London 2017, S. 1.

156 Vgl. ebd., S. 2.

157 Peter C. Herman: Milton in the Age of Twitter. Carey's *The Essential ›Paradise Lost‹*. In: Islam Issa/Angelica Duran (Hg.): Milton Across Borders and Media, Oxford 2023, S. 33-49, hier S. 46.

weile eine weitverbreitete Annahme: So bietet etwa der »Erzählbuchverlag« neuerdings aufs Äußerste komprimierte Nacherzählungen von Klassikern wie James Joyces *Ulysses*, Virginia Woolfs *To the Lighthouse* oder Thomas Manns *Zauberberg* an. Die Motivation des Verlags dafür lautet:

> Unsere Kultur ist durchdrungen von klassischen Werken, doch wer hat Zeit und Muße, sie zur Hand zu nehmen [...]? Durch die Unmittelbarkeit des Erzählens aber werden die großen Stoffe der Klassiker in einer knappen Stunde für die Hörerinnen und Hörer zum Erlebnis.[158]

Nacherzählen wird als Form des Komprimierens aufgefasst,[159] die neben andere kulturelle Formen des Zusammenfassens wie die bereits erwähnten Kondensate von »getAbstract«, »Blinkist« und anderen Unternehmen tritt, deren Angebote bei »Amazon« mittlerweile nicht selten direkt unter der gesuchten ungekürzten Buchausgabe aufgeführt sind. Warum nicht lieber gleich das Summary des gesuchten Buches kaufen, das etwas günstiger als der umfangreiche integrale Text ist und viel Zeit spart?

Zweifellos werden derartige Textzusammenfassungen in Zukunft immer häufiger das Ergebnis von maschinellen Kürzungsverfahren sein, zumal generative künstliche Intelligenz erlaubt, maßgeschneiderte Komprimierungen herzustellen, die auf einen bestimmten Zweck, eine bestimmte Lektürezeit oder ein bestimmtes Lesealter abgestimmt werden können,[160] womit

---

158 Meike Rötzer: Vorwort. In: Erzählbuchverlag: Vorschau Frühjahr 2023, S. 3.

159 Vgl. Armin Schäfer: Nacherzählen. Versuch über eine Kulturtechnik. In: Journal of Literary Theory 17, 2023, H. 1, S. 167-192, hier S. 185-188; Philip Kraut: Gestaltungen der Fabel. Nacherzählungen und Inhaltsangaben der Brüder Grimm zwischen philologischer Praxis und literarischer Kleinform. In: Maren Jäger/Ethel Matala de Mazza/Joseph Vogl (Hg.): Verkleinerung. Epistemologie und Literaturgeschichte kleiner Formen, Berlin und Boston 2021, S. 159-172.

160 Vgl. Ewen Callaway: AI Writes Summaries of Preprints in BioRxiv Trial. In: Nature 623, 23.11.2023, S. 677.

»digital bespoke« auch in diesen Bereich Einzug hält.[161] Einige der Verfahren, derer sich automatisierte Zusammenfassungen von Texten bedienen, sind aus der langen Geschichte der Kurzfassungen bekannt. Da sind einerseits kürzende oder extraktive Verfahren, die die wichtigsten Sätze oder Abschnitte eines längeren Ausgangstextes identifizieren, exzerpieren und wieder neu zusammenstellen. Neues Textmaterial wird hierbei keines generiert, da die Kurzfassung aus Extrakten des Ausgangstextes besteht. Andererseits werden komprimierende oder abstraktive Verfahren verwendet: Die Bedeutung des Ausgangstextes wird zusammenfasst, indem der Inhalt des Ausgangstextes paraphrasierend komprimiert wird. Im Gegensatz zur extraktiven Methode enthält die Kurzfassung Wortmaterial, das im Ausgangstext so nicht enthalten war. Es scheint, dass sich im Bereich maschineller Verfahren – wie schon in der langen Geschichte der Kurzfassung – hybride Kürzungsverfahren durchsetzen, die extraktive und abstraktive Verfahren kombinieren.[162] Es wird besonders interessant zu beobachten sein, welche neuen Herangehensweisen sich in Zukunft in dem äußerst dynamischen Anwendungsfeld der großen Sprachmodelle (LLMs) etablieren und wie sich diese Herangehensweisen auf die alltägliche Umgangspraxis mit der kulturellen Überlieferung auswirken werden.[163]

161 Vgl. für die Entwicklung des Begriffs ginger coons: The Digital Bespoke? Promises and Pitfalls of Mass Customization, New York 2022.
162 Vgl. Udo Hahn: Abstracting – Textzusammenfassung. In: Rainer Kuhlen/Dirk Lewandowski/Wolfgang Semar/Christa Womser-Hacker (Hg.): Grundlagen der Informationswissenschaft, Berlin und Boston [7]2023, S. 233-244. Zur Vorgeschichte des wissenschaftlichen Abstracts vgl. Francis J. Witty: The Beginnings of Indexing and Abstracting: Some Notes towards a History of Indexing and Abstracting in Antiquity and the Middle Ages. In: The Indexer 8, 1973, H. 4, S. 193-198; Herman Skolnik: Historical Development of Abstracting. In: Journal of Chemical Information and Computer Sciences 19, 1979, H. 4, S. 215-218.
163 Zu den rechtlichen Fragen vgl. Lucie Antoine: Verändernde Werknutzungen. Computerprogramme und der urheberrechtliche Interessenausgleich, Tübingen 2023, S. 178-179 und S. 376-377.

Die Untersuchung literarischer Kurzfassungen erlaubt, einen Strang der langen Geschichte kultureller Kompressionsverfahren freizulegen. Der Medienwissenschaftler Jonathan Sterne hat darauf hingewiesen, dass Ausdrücke wie »compression« im englischen Sprachraum schon lange für das ›Verdichten‹ von Texten gebraucht wurden, bevor sie in technologische Gebrauchskontexte übertragen wurden.[164] Wie die vorangehenden Seiten zeigen, sind Kulturtechniken der Kompression im Bereich der Textualität aber noch viel älter als die entsprechenden Ausdrücke. Sie verfügen über eine mehr als zweitausend Jahre zurückreichende Geschichte.[165] In dieser langen Geschichte lassen sich immer wieder äußerst negative Beurteilungen textueller Kompressionsverfahren ausmachen: Gelegentlich werden sie sogar als literarische Dekadenzphänomene und kulturelle Verfallserscheinungen charakterisiert.[166] Und tatsächlich sollte man mit Kurzfassungen nicht sorglos hantieren. Denn mit ihrem Gebrauch gehen typische Schwierigkeiten einher.

---

164 Jonathan Sterne: Compression. A Loose History. In: Lisa Parks / Nicole Starosielski (Hg.): Signal Traffic. Critical Studies of Media Infrastructures, Urbana, Chicago und Springfield 2015, S. 31-52, hier S. 31.

165 Diese spielt sich nicht nur im Bereich der Literatur und der ›literarischen‹ Gelehrsamkeit ab, sie wäre auch in politischen, juridischen oder administrativen Kontexten näher zu untersuchen: Schon lange ist institutionelle Kommunikation undenkbar ohne routinierte Verfahren des »Abstracting« und »Briefing«, die die unüberschaubare Akkumulation von Aktenmaterialien auf das Wesentliche komprimieren; vgl. Hinweise dazu bei André Krischer: Randnotizen – oder: Wie am englischen Kanzleigericht Entscheidungen hergestellt wurden. Eine kleine Fallstudie zu den Grenzen der Hermeneutik in der Rechtsgeschichte. In: Andreas Kablitz / Christoph Markschies / Peter Strohschneider (Hg.): Hermeneutik unter Verdacht, Berlin und Boston 2021, S. 83-114.

166 Vgl. Christoph H. F. Meyer: Römisches und kanonisches Recht kurz und bündig. Zur Epitomierung lateinischer Rechtstexte zwischen Spätantike und Moderne. In: Rechtsgeschichte 28, 2020, S. 31-66, hier S. 31 und S. 38; Marco Formisano / Paolo Felice Sacchi: Introduction: Unabridged. In: Dies. (Hg.): Epitomic Writing in Late Antiquity and Beyond. Forms of Unabridged Writing, London u. a. 2023, S. 1-19, hier S. 6-7.

Die enge Verknüpfung von Form und Inhalt, die gerade lite-rarische, oftmals auch philosophische Werke auszeichnet, lässt sich in Kurzfassungen nicht einfach wiedergeben. Auch besteht die Gefahr, dass Gedankengebilde, die von der Grundspannung eines Für und Wider getragen werden, in Kurzfassungen auf einen dogmatischen Kern reduziert werden: Kurzfassungen vermögen einen Darstellungsmodus, in dessen Verlauf bereits formulierte Positionen wieder eingeschränkt, revidiert oder negiert werden, häufig nicht angemessen wiederzugeben – was sich, wie *Nature* berichtet, sogar an automatisch generierten Zusammenfassungen beobachten lässt, die gerade parenthetische Passagen, in denen zuvor gemachte Aussagen qualifiziert und relativiert werden, weitgehend aussparen.[167] Resümees gelingt es darüber hinaus häufig nicht, den Vollzugscharakter von Gedankengängen und die Verlaufsform von Sprachgesten angemessen wiederzugeben. Blickt man auf die Erzählliteratur, dann vermögen Kurzfassungen zwar eine synoptische Übersicht über den Handlungsgang zu geben, dies aber um den Preis, dass sie die narrative Spannung reduzieren oder negieren, weil Spannung sich allein in der temporalen Erfah-rung des übergreifenden Bogens eines Erzählverlaufs entfaltet.[168]

Weitere Sorgen bereitet der Gebrauch von Kurzfassungen: Da es sich bei ihnen meist um Kürzungen oder Komprimierungen von fremder Hand handelt, stellt sich mit Blick auf die Autorin des Ausgangstextes die Frage, ob es uns bei Kurzfassungen tatsächlich nicht kümmert, wer spricht: Macht es einen Unterschied, ob eine Kurzfassung von der Autorin, von einem Redaktor oder gar von einem Programm erstellt wurde? Unter welchen Bedingungen

---

167 Vgl. James P. Bagrow: TL;DR: how well do machines summarize our work? In: Nature 590, 4. 2. 2021, S. 36: »SciTLDR tends to extract one or two key statements from the original text and edits them into a cohesive sentence, sometimes removing parenthetical phrases and using synonyms for common words or phrases. Such changes are mostly innocuous, but they could omit qualifiers that the authors deem relevant.«

168 Vgl. Jonas Grethlein: Epitome und Erzählung. Die Rekapitulationen am Ende der *Odyssee*. In: Poetica 50, 2019, H. 3-4, S. 169-192, hier S. 187-189.

sind wir bereit, die mit Kurzfassungen assoziierten Formen unorigineller Autorschaft zu akzeptieren?[169] Nicht minder drängend ist die Frage, wie stark sich Ausgangswerk und Zieltext voneinander abkoppeln lassen, wie stark sich die Rezeption der Kurzfassung also von der Befassung mit dem Ausgangswerk entfernen darf. Wann sind Kurzfassungen bloße Hilfstexte, die subsidiär verwendet werden; und wann können sie an die Stelle der Ausgangstexte treten und diese sogar als gültige Substitute vertreten? An diese Frage, ob das Verhältnis der Kurzfassungen zum Ausgangstext als substitutiv oder nicht-substitutiv aufgefasst werden muss, knüpft sich nicht selten die Befürchtung, dass Kurzfassungen, die ursprünglich bloß für einen subsidiären Gebrauch gedacht waren, hinterrücks einen substitutiven Charakter gewinnen können, also wider Erwarten doch um ihrer selbst willen rezipiert werden und so den Ausgangstext verdrängen und ersetzen.

Was genau geht verloren, wenn die Kurzfassung an die Stelle des Ausgangswerks tritt? Diese Frage ist nicht einfach zu beantworten, weil sie grundlegende Annahmen darüber betrifft, was an den zusammengefassten ästhetischen Artefakten relevant und erhaltenswert ist. Ob es sich um eine verlustfreie (»lossless«) oder verlustbehaftete (»lossy«) textuelle Kompression handelt, hängt davon ab, welche Ästhetik des literarischen Kunstwerks man vertritt und welche Merkmale des Ausgangswerks in diesem Rahmen zur Disposition gestellt werden können. Erst wenn diese Kernfrage geklärt ist, lässt sich beantworten, ob eine bestimmte Passage eines literarischen Werks ohne größere Verluste gekürzt werden kann oder ob die Kürzung mit inakzeptablen Unstimmigkeiten und Verzerrungen, mithin mit herben Verlusten einherginge.[170] Darüber hinaus hängt von den konkreten Gebrauchskontexten der jeweiligen Kurzfassung ab, ob bestimmte Verluste hinnehmbar sind, ob die Kurzfassung also noch »gut genug« ist.[171] Ein Grundproblem an vielen Kurzfassungen ist,

169 Vgl. dazu Johns: Piracy (Anm. 80), S. 143.
170 Vgl. dazu Adam Gopnik: The Corrections. Abridgement, enrichment, and the nature of art. In: The New Yorker, 22. 10. 2007, S. 66-76.
171 Sterne: Compression (Anm. 164), S. 48.

dass sie keine Rechenschaft darüber leisten, auf welchen Grund-annahmen sie beruhen und nach welchen Gesichtspunkten die Kürzungen oder Komprimierung erfolgen. Mit anderen Worten: Sie sind nicht *kritisch*.

Gibt es einen Zusammenhang zwischen diesen Verlusten und der Höhe des anvisierten Kompressionsfaktors? Bei der Beantwortung dieser wichtigen Frage sollte man sich nicht auf die – unter digitalen Vorzeichen ubiquitäre – Metapher des Zoo-mens verlassen, die nahelegt, dass sich Kürzungen grundsätzlich in einem stufenlosen Kontinuum bewegen. So heißt es in einer Studie zu Inhaltszusammenfassungen, der Umfang einer Zusam-menfassung sei je nach

erwünschter ›Tiefenschärfe‹ […] frei ›zoombar‹. Mit schrump-fendem Platzangebot müssen immer mehr Details verschwin-den bzw. ›verklumpen‹ […]. Dieser ›Ausdünnungsprozess‹ verläuft mithin entlang der Achse einer kontinuierlich abneh-menden Informationsdichte.[172]

Dieses technische Bild des Erstellens von Kurzfassungen als schrittweises ›Rauszoomen‹, das die Details des ästhetischen Artefakts immer unschärfer und schließlich unsichtbar werden lässt, insinuiert, dass es bei den Kurzfassungen keine Skalen-varianz, mithin keine kategorialen Schwellen und Sprünge zwi-schen Größenordnungen gibt.[173] Darüber hinaus unterstellt es, dass beim ›Rauszoomen‹ in andere Größenordnungen mit einem quantitativen Informationsverlust zu rechnen ist, dass sich die qualitativen Eigenheiten des ›Informationsangebots‹ aber nicht grundlegend verändern. Auf der Grundlage der auf den voran-gehenden Seiten entwickelten Überlegungen wird man skeptisch

---

172 Hofmeister: ›Inhaltsangaben‹ (Anm. 43), S. 172. Zum Zusammenfassen als philologischer Fundamentalpraxis vgl. Jonathan Kramnick: Criti-cism and Truth: On Method in Literary Studies, Chicago und London 2023, S. 78-79.

173 Vgl. Derek Woods: Scale Variance and the Concept of Matter. In: Sarah Ellenzweig/John H. Zammito (Hg.): The New Politics of Materialism. History, Philosophy, Science, New York 2017, S. 200-224.

sein, ob sich textuelle Kompressionsmethoden derart stufenlos regulieren lassen; auch wird man vermuten, dass an – noch näher zu bestimmenden – quantitativen Schwellen ein qualitativer Wandel der Wiedergabeverfahren eintritt.

Und doch reicht es nicht, sich bei der Beschäftigung mit Kurzfassungen allein auf solche Verlustrechnungen zu beschränken und in diesem Genre nur eine ruinöse Praxis zu sehen, die sich Kultur mittels verlustreicher Short cuts aneignen möchte und sie auf diese Weise letztlich im Ganzen verfehlt. Kurzfassungen ermöglichen vieles: sich über literarische Werke zügig Übersicht zu verschaffen, die Grundzüge der Werke einfacher zu memorieren und den inneren Zusammenhang dieser Werke, wie schon Bodmer anhand des *Messias* hervorhob, leichter zu erkennen. Kurzfassungen sind auch Formate der Mobilisierung: Aufgrund ihres kleinen Formats sind sie meist handlicher und erschwinglicher als die Ausgangswerke. Mit Kurzfassungen im Gepäck lässt sich leichter reisen. Und sie ermöglichen es der Literatur wiederum, leichter zwischen Ländern, Sprachen und Medien zu reisen – und zwischen sozialen Schichten: Kurzfassungen haben sich immer wieder als ein äußerst wirksames Instrument der Ausweitung kultureller Teilhabe erwiesen.[174] Komprimierte Versionen lassen sich mit geringerem Aufwand übertragen als unkomprimierte. Kulturtechniken der Komprimierung ermöglichen, dass die textuelle Überlieferung leichter zwischen unterschiedlichen Sphären zirkuliert: Die Herstellung von Kurzfassungen erweist sich – abstrakter formuliert – als ein Bearbeitungsprozess, der situative Passungsverhältnisse zwischen kulturellen Repräsentationsweisen und den sie einbettenden gesellschaftlichen Verhältnissen herstellt und dabei die Knappheit der in diesen Verhältnissen vorhandenen sozialen Ressourcen und individuellen Möglichkeiten berücksichtigt.[175]

Man kann der Herstellung dieser Passungsverhältnisse kreative Pointen abgewinnen: Das veranschaulichen die äußerst eigenwil-

174 Vgl. dazu William St Clair: The Reading Nation in the Romantic Period, Cambridge 2004, S. 66-83 und S. 135-139.
175 Vgl. Sterne: Compression (Anm. 164), S. 35.

ligen ›Reader's Digests‹ von Romanen und Dramen, die Robert Walser im ersten Drittel des 20. Jahrhunderts verfasste. Seine literarischen Verknappungsarbeiten reichen von kanonischen Tragödien wie Friedrich Schillers *Die Räuber* bis zur banalen Erzählliteratur der »Bahnhofhallenbüchlein«.[176] Eine dieser Kurzfassungen widmet sich etwa »einem ganz bestimmten Roman, der ein großer Roman ist, dessen Druckseitenzahl sich auf annähernd neunhundert belaufen mag«.[177] Walser reduziert diesen Roman in einem handschriftlich überlieferten Text auf wenige Sätze. Ausgehend von der Frage, »[o]b ich diese Geschichte in der richtigen Manier erzählen werde«,[178] gebraucht er das Genre der Kurzfassung, um die in den printmedialen Infrastrukturen seiner Epoche gängigen Verfahren des Zusammenfassens zu ironisieren. Die Kurzfassung des fast 900 Seiten umfassenden Romans ist ursprünglich zudem in Walsers fast unlesbarer Mikroschrift verfasst und findet deshalb auf einem kleinen Papierstück Platz;[179] sie erweist sich damit sogar als Textkomprimierung in einem doppelten, textuellen wie materiellen, Sinne (Abb. 11).

Schließlich entfachen Kurzfassungen, wenn sie virtuos gemacht sind, auch ein textuelles Begehren nach dem größeren Ganzen. In der Epoche, in der Walser seine ironischen Kurzfassungen schreibt, verfasst Jorge Luis Borges in einer Essaysammlung sein Resümee des englischsprachigen Prosawerks *The Approach*

---

176 Vgl. Robert Walsers *Die Tragödie* und *Gespenster*, beide abgedruckt in: Ders.: Für die Katz. Prosa aus der Berner Zeit 1928-1933. Sämtliche Werke in Einzelausgaben. Hg. von Jochen Greven, Bd. 20, Zürich und Frankfurt a. M. 1986, S. 326-328 und S. 335-336, hier S. 335 (»Bahnhofhallenbüchlein«). Vgl. dazu die Studie von Erica Weitzman: Reader's Digest: Walser's and Mauthner's Satires of Synopsis. In: Colloquia Germanica 56, 2023, H. 2-3, S. 243-259.

177 Robert Walser: Der falsche Ganina. In: Ders.: Es war einmal. Prosa aus der Berner Zeit 1927-1928. Sämtliche Werke in Einzelausgaben. Hg. von Jochen Greven, Bd. 19, Zürich und Frankfurt a. M. 1986, S. 432-438, hier S. 432.

178 Ebd.

179 Laut Anne Gabrisch handelt es sich um einen Roman von Alexander Kuprin, vgl. Robert Walser: Prosastücke. Hg. von Anne Gabrisch, 2 Bde., Bd. 2, Berlin [Ost] 1978, S. 465.

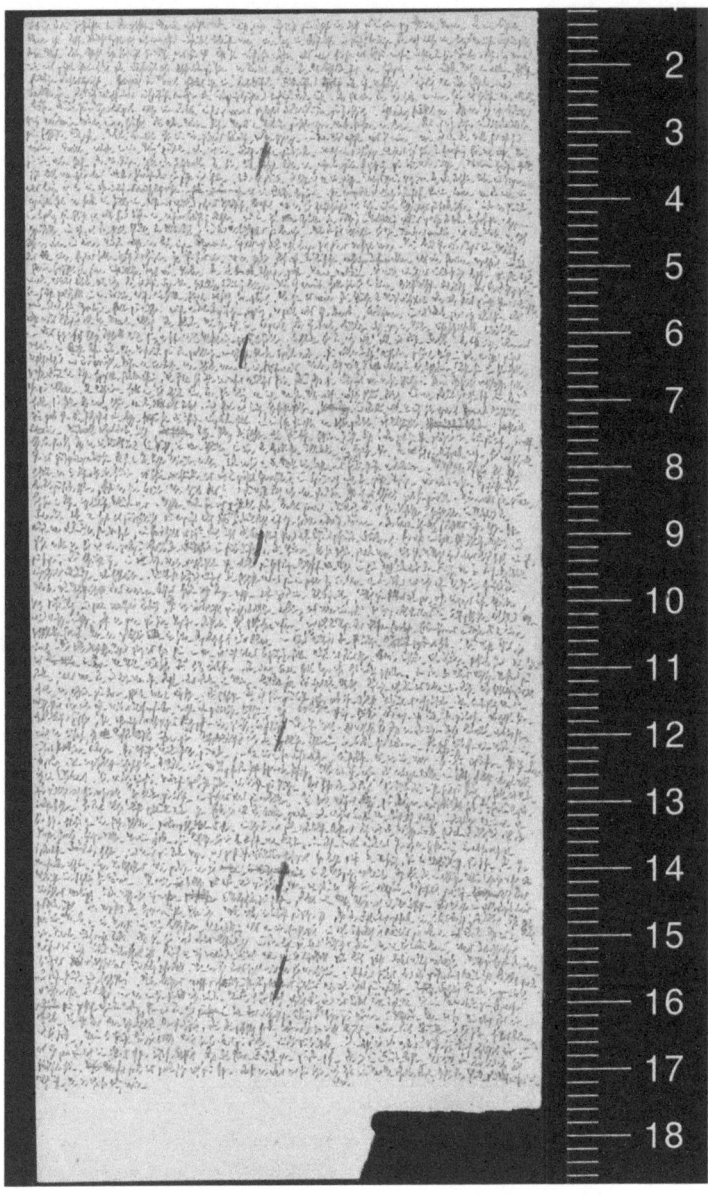

Abb. 11   Robert Walser: Ob ich diese Geschichte in der richtigen Manier erzählen werde, RWZ, Slg. Robert Walser, Sig. MS Mkg. 35r. © Keystone SDA /
Robert Walser-Stiftung Bern.

to *Al-Mu'tasim*.[180] Es handelt sich um eine der bravourösesten Kurzzusammenfassungen der Literaturgeschichte des 20. Jahrhunderts. Das Resümee, berichtet Borges, habe einem Freund so ungemein gut gefallen, dass dieser sich gleich darum bemüht hatte, das Buch bei einem Londoner Buchhändler zu beziehen.[181] Freilich ohne Erfolg – Borges hatte nämlich die Kurzfassung eines erfundenen Werks verfasst. Wir sollten uns wohl weniger unentwegt darum sorgen, dass Kurzfassungen an die Stelle der längeren Ausgangstexte treten, sondern mehr darum bemühen, Kurzfassungen so attraktiv zu machen, dass man es gar nicht abwarten kann, nach dem Ganzen zu greifen. Um den legendären Satz Samuel Johnsons zu variieren: Manchmal möchten wir nach der Lektüre einer gelungenen Kurzfassung nichts lieber lesen als die längere Fassung des Werks.

180 Jorge Luis Borges: El acercamiento a Almotásim [1936]. In: Ders.: Obras Completas. Edición Crítica. Hg. von Rolando Costa Picazo und Irma Zangara, 3 Bde., Bd. 1, Buenos Aires 2009, S. 745-748. Deutsche Übersetzung: Der Weg zu Almotásim. In: Ders.: Gesammelte Werke, Bd. 5/I: Essays 1932-1936, übersetzt von Karl August Horst, Curt Meyer-Clason und Melanie Walz, Nachwort von Iso Camartin, München und Wien 1981, S. 269-276.

181 Vgl. Jorge Luis Borges: L'Approche d'Almotasim [Kommentar]. In: Ders.: Œuvres complètes. Hg. von Jean Pierre Bernès, 2 Bde., Bd. 1, Paris 2010, S. 1536-1538, hier S. 1537.

Dank

Die erste Idee zu diesem Essay ergab sich aus den Diskussionen, die 2018 am Wissenschaftskolleg zu Berlin im Rahmen eines Workshops zur »Epitomisierung« stattgefunden haben, auf dem ich Ergebnisse eines von der VolkswagenStiftung geförderten Projekts vorstellen durfte. Den drei Veranstalterinnen und Veranstaltern – Jonas Grethlein, Julika Griem und Hartmut Leppin – sowie den damals im Grunewald versammelten Teilnehmerinnen und Teilnehmern bin ich für den lebhaften intellektuellen Austausch zu großem Dank verpflichtet. Das Typoskript des vorliegenden Essays wurde 2023/2024 während eines Aufenthalts als Fellow am Wissenschaftskolleg zu Berlin mit der tatkräftigen Unterstützung des großartigen Bibliotheksdiensts des Wissenschaftskollegs verfasst. Für die Möglichkeit, das kleine Buch über Kurzfassungen in der Reihe *Kleine Schriften zur literarischen Ästhetik und Hermeneutik* zu publizieren, danke ich herzlich Wolfgang Braungart und Joachim Jacob.

Berlin – Grunewald, im Sommer 2024